ARCHITEKTUR DER ZUKUNFT

ARCHITEKTUR DER ZUKUNFT

SHEILA DE VALLEE

TERRAIL

Abbildung Umschlagvorderseite
Oper von Lyon
Frankreich
Jean Nouvel

Abbildung Rückumschlag
Gebäude der ING Groep
Prag, Tschechien
Frank O. Gehry

Abbildung Frontispiz
Ausstellungs-Pavillon
Nagoya, Japan
Itsuko, Hasegawa

Verlegerische Leitung: Jean-Claude Dubost und Jean-François Gonthier
Aus dem Französischen von Andrea Fischer und Rita Sieber
Lektorat: Inge Hanneforth
Satz und Textfilme: Einsatz Goar Engeländer
Farblithos: Litho Service T. Zamboni, Verona

© Finest S.A./Editions Pierre Terrail, Paris 1995
eine Tochtergesellschaft von Bayard Presse S.A.
Verlegernummer: 122
ISBN: 2-87939-027-3
Printed in Italy

Alle Rechte vorbehalten

INHALT

Perpetuum mobile
Vorwort von Olivier Boissière … 7

1. POSITIONEN … 13
Peter Cook 15. Arakawa und Madeline Gins 21. Daniel Libeskind 27.
Bernard Tschumi 35. Lebbeus Woods 41. François Roche 45.

2. GLANZLEISTUNGEN … 49
Renzo Piano 51. Nicholas Grimshaw 57. Sir Norman Foster 61.
Alsop & Störmer 65. Jacques Hondelatte 69.

3. SPRENGEN DER FORM … 73
Christian de Portzamparc 75. Kiyoshi Sey Takeyama 81.
Shoei Yoh 85. Massimiliano Fuksas 89. Odile Decq und Benoît Cornette 93.
Günther Domenig 97. Oma – Rem Koolhaas 101. Zaha Hadid 107.
Coop Himmelblau 113. Enric Miralles Moya 121. Franklin D. Israel 125.
Eric Owen Moss 129. Frank O. Gehry 133.

4. EINE ZWEITE NATUR … 139
Emilio Ambasz 141. Morphosis 147. Masaharu Takasaki 151.
Sir Richard Rogers 153. Itsuko Hasegawa 161.

5. AUF DEM WEG ZU EINER PIXEL-ARCHITEKTUR … 169
Asymptote Architektur 171. Diller & Scofidio 175.
Du Besset und Lyon 179. Toyo Ito 183. Jean Nouvel 189.
Shin Takamatsu 199

Biographien … 202
Glossar … 205
Fotonachweis … 208

PERPETUUM MOBILE

Vorwort von Olivier Boissière

Zukunftsprognosen sind ein gefährliches Unterfangen. H. G. Wells und Aldous Huxley behielten nicht recht: 1984 ist vorüber und der „Große Bruder" ist nichts weiter als das Schreckgespenst einer Drohung. Was die schöne neue Welt betrifft, so steht diese uns noch bevor.

Eine Bilanz der Zukunft zu ziehen, mag paradox, naiv und anmaßend erscheinen. Dennoch kann man das Abenteuer wagen. Es gibt mindestens zwei Gründe, weshalb man es riskieren sollte. Der erste Grund besteht darin, daß die Architektur eine Kunst der Zukunft darstellt, ein ewigwährendes Projekt, für das man beständig neue Pläne erstellt. Der zweite, greifbarere und beruhigendere Grund ist der, daß die Architektur eine Kunstrichtung ist, die sich langsam fortentwickelt, in starker Abhängigkeit von Wirtschaft, Politik und Gesellschaft, ja selbst von der Mode, und daß es nicht verboten ist, in den architektonischen Werken von heute Vorzeichen, Symptome, ja Tendenzen herauszulesen und daraus mit tausend Vorkehrungen abzuleiten, was diese an Beständigem beinhalten könnten.

Utopie und Science-fiction verfügen über zwei gemeinsame Merkmale: Das eine ist ihr positives Bestreben, eine bestimmte Vision von der Zukunft der Welt und der Menschheit zu entwickeln. Das andere ist ihre Neigung, wenigstens eine grundsätzliche Gegebenheit der Realität zu ignorieren und sie durch eine imaginäre Größe zu ersetzen, wie beispielsweise: die Schwerkraft existiert nicht mehr oder etwa: es gibt keine Jahreszeiten mehr.

Die moderne Architektur hat in ihrer sogenannten „heroischen" Zeit[1] zwei Utopien ausgiebig durchlebt. Die erste, inspiriert durch den neuen Aufschwung der Industrie im Anschluß an den ersten weltweiten Konflikt, verlieh der Rationalisierung der Produktion eine übernatürliche Fähigkeit, nämlich die, jene ideale Ordnung zu schaffen, die die Gesellschaft völlig verändern sollte, indem sie ihre kreativen Kräfte freisetzte und einen neuen Menschen hervorbrachte. Die zweite Utopie – oder vielmehr Chimäre? – bestand darin, daß die Architektur, deren praktische Form sich von der Entwicklung von Industrieprodukten bis hin zum Städtebau erstreckt (vom Eßlöffel bis zur Stadt), deren Schöpfer sein sollte, wörtlich also der *Deus ex machina*, der der Menschheit ein Schicksal zu schmieden vermag: „Architektur oder Revolution", wie Le Corbusier gewagt formulierte. So erlebten Reden und Manifeste ihre Blütezeit, kamen Bewegungen ins Rollen, etwa De Stijl in Holland und der Konstruktivismus in Rußland, oder es entstanden Schulen, das Bauhaus in Weimar, dann in Dessau, Vhutemas in Moskau.

Linke Seite
Konischer Schnittpunkt
Paris, 1975
Gordon Matta Clark (1943–1978)

Die beiden letzten Gebäude aus dem 18. Jh. dieses Stadtviertels, das sich stark verändert, geben das Centre Pompidou über einen Konus auf eine ganz andere Art zu erkennen.

---

1. Dieser Zeitraum umfaßt im allgemeinen die Jahre 1910 bis 1933. Vgl. Peter und Allison Smithson, *The heroic period of modern architecture*, Thames & Hudson, 1981.

Die bedeutendsten Vorläufer dieses beginnenden Goldenen Zeitalters waren Van Doesburg und El Lissitsky, Walter Gropius* und Le Corbusier. Eine Vision begann, Gestalt anzunehmen.

Vilém Flusser[2] weist uns zur rechten Zeit darauf hin, daß das griechische Wort für „Vision" *theoria* lautet, die Wurzel unserer Theorie. Es wurde also eine neue Theorie aufgestellt, die die „alte Architektur" ablösen und einen für die triumphierende Demokratie würdigen Rahmen schaffen sollte. Sie sollte Stadt und Leben verändern. Sie sollte die Verstandeskräfte freisetzen, um eine ideale Welt zu errichten. Dieser universalistische Ehrgeiz nahm aber sogleich dogmatische Züge an. Die „fünf Punkte" von Le Corbusier – freier Grundriß, horizontale Fenster, Grundpfähle, überdachter Garten, freie, nichttragende Fassade –, waren sie nicht dazu bestimmt, ganz einfach die Lehrbücher des 19. Jahrhunderts zu ersetzen? Man diskutiert heute noch, nicht deren relativen Wert, sondern deren ursprüngliche Tragweite: Handelte es sich um *konstruktive* oder ästhetische theoretische Prinzipien? 1932 hatten die Amerikaner Philip Johnson und Henry Russel Hitchcock (der Dandy und der Kritiker) ihre Antwort geliefert, die Totenglocke der Utopie geläutet, indem sie ihre Ausstellung im Museum of modern Art, New York, mit „Der internationale Stil" betitelten. Handelte es sich also ganz einfach um eine Frage des Stils? Die moderne messianische Architektur hatte ihr Leben gelebt. Das Boot der Liebe war auf dem Riff des Alltäglichen aufgelaufen. Danach kamen die Überfälle auf Polen, Pearl Harbour und Stalingrad, der Holocaust und Hiroschima, die Mauer von Berlin und Vietnam, der Verlust der Unschuld und das Ende des Gnadenzustandes. Der Architekt war gezwungen, Stellung zu beziehen: Er sollte nicht der Demiurg, der soziale Kondensator sein, wovon er geträumt hatte, sondern ein unscheinbarer Held mit beschränkter Verantwortung. Er sollte nicht das Leben gestalten, sondern dessen Rahmen. Er sollte – möglichst diskret – dem Geist der Plätze und der Zeit Form verleihen.

Und wenn es heute noch eine Utopie gibt, so ist diese der Vergangenheit zugewandt: Einige nostalgische Werke stellen weiterhin ihren Glauben an eine Gesellschaft ohne Beton, ohne Metall, ohne soziale Spannungen und ohne Arbeitslosigkeit zur Schau.

Innerhalb weniger Jahrzehnte hatten dann das 20. Jahrhundert und die Architektur zum Ende der großen Reden, der globalisierenden Ideologien, der unbeugsamen Dogmen zum Verlust ihrer Illusionen mit beigetragen: Die Welt ist komplex und widersprüchlich, die Realität besteht aus Splittern. Eine wirkungslose große Theorie wurde abgelöst von zahllosen kleinen instrumentellen Theorien, „Werkzeugkasten"-Theorien[3] für zeitlich und räumlich begrenzte Aktionen. Eines großen Planes beraubt, wendete sich die Architektur erneut einem eigenen Terrain zu, auf dem sich dennoch das Nützliche und das Erhabene miteinander verbinden.

Und der Fortschritt? Wenn er auch von der Volksweisheit gerne angezweifelt wird, die nur dessen anfechtbare Auswirkungen werten möchte, bleibt er doch das Hauptanliegen zahlreicher Künstler. Und das in mancherlei Hinsicht! Die technische Erfindung, angefangen von Metallstrukturen bis hin zum Beton und zum Fahrstuhl, ist es, die den eigentlichen Beginn der modernen Architektur kennzeichnet. Denn durch sie wird die Architektur grundlegend geändert. Die Gründungsbauten sind Teil einer klar umrissenen Saga: der Crystal Palace* bei London, Gebäude mit Stahlskelett[4] in Chicago von Baron Jeanney, der Eiffelturm, das Bauwerk Flat Iron in New York und die Flugzeughalle in Orly von Freyssinet, heute zerstört. Das zerlegbare Feldlazarett für den Krimkrieg, dessen einzelne Elemente recycelt und nach dem Konflikt sogar verkauft wurden, kann im gleichen Atemzug genannt werden; der berühmte Ingenieur Isembart Kingdom Brunel* hatte es für die tapfere Krankenschwester Florence Nightingale konzipiert und hergestellt.

Durch die Hitze der in Hiroshima abgeworfenen Bombe verschmolzene Objekte
1945

---
2. Vilém Flusser, Philosoph und Theoretiker der Information, in: *World Architecture* 27, 1993.
3. Foucault und Deleuze, in: *l'Arc* 1972.
4. *Home Insurance Building*, 1985.

* Alle mit einem Sternchen versehene Namen sind im Glossar am Ende des Buches aufgeführt.

Seitdem ist es in keinster Weise mehr überraschend, daß das Wahnbild des technischen Fortschritts die Architektenwelt verfolgt. So können im Verlauf dieses Jahrhunderts einige brillante Protagonisten, Architektur-Ingenieure oder Ingenieur-Architekten, genannt werden: der Amerikaner Buckminster Fuller, der Franzose Jean Prouvé, die Italiener Morandi und Nervi, der Mexikaner Felix Candela, die Engländer Ove Arup, Peter Rice und Tony Fitzpatrick*. Alleine oder in Gemeinschaftsarbeit messen sie die Grenzen der konstruktiven Techniken ab, verfolgen die Entwicklung neuer Materialien, führen „ad hoc"-Übertragungen von Technologien aus der Raumforschung oder zerlegter Karbonketten durch. Sie nehmen in nützlicher Weise an der Verbesserung von Leistungen, der Vereinfachung von Strukturen und der Freisetzung großer flexibler Räume teil. Als Adepten der konstruktiven Wahrheit oder als glückliche Opfer der Ästhetik der Maschine hätten diese Kreuzritter der Technik vielleicht eine unscheinbare, möglicherweise marginale Laufbahn verfolgt, wenn nicht Archigram* aufgetreten wäre. Anfang der 60er Jahre erfindet diese kleine Gruppe ausgelassener junger Leute einen explosiven Cocktail, in dem sich die beste Tradition des britischen Engineering mit den Extravaganzen der Mode, dem Geschmetter der Werbung und der bevorstehenden sexuellen Revolution miteinander vermischen und die Architektur in die Galaxie Mac Luhan (der Mann, der die Medien verstand) und ein Feuerwerk von kurzer Dauer befördern, dessen Einfluß jedoch heute noch lebendig ist: das Centre Beaubourg bleibt dessen vollendete, wenn auch in den Jahre gekommene Verkörperung, denn ein Teil des technischen Anstrichs beginnt heute langsam angesichts der Automatisierung und der Miniaturisierung zu schwinden. Bei den Menschen des High-Tech-Zeitalters tritt ein neues Hauptanliegen an den Tag – die Form. Doch war das Fehlen jeglicher Form nicht auch schon Form?

Victor Hugo hatte mit dem Aufkommen der Schrift den Tod der Architektur vorhergesagt, da diese die Architektur ihrer Rolle als Trägerin von verschlüsselten Botschaften berauben würde. Wollten das Ende des 19. Jahrhunderts und die junge industrielle Revolution ihr das Lied vom sterbenden Schwan singen? Nie zuvor in ihrer Geschichte hat die Architektur einen solch berauschenden Eklektizismus und eine solch verschwenderische Fülle von Verzierungen gekannt. Überfluß der Motive, Wiener Schwulst, Verschnörkelungen im Spaghettistil; diese Agape der Jahrhundertwende lösten bei den jungen Modernisten Schwindelgefühle aus. Der Wiener Adolf Loos* machte aus der Verzierung ein Delikt, und die Architekten wandten sich Schlichtem zu. Gewappnet mit der neuen und höchsten Überzeugung, schön ist auch nützlich, entwickelten sie einen rigorosen Rationalismus, dessen Puritanismus der geometrischen Form kaum von der Vorliebe für Farbe, vorzugsweise Primärfarben, abgemildert wurde. Man wird feststellen, daß diese vorherrschende, wenn auch nicht ausschließliche Einstellung die Folge einer bestimmten Denkweise war: Die Vertreter einer funktionellen Architektur, wie Gropius und Mies van der Rohe*, waren, bevor sie das Bauhaus leiteten, begeisterte Mitglieder der Novembergruppe*, in der sich die Anhänger einer expressionistischen und phantastischen Architektur zusammengeschlossen hatten; ihre Kehrtwendung hatte sie aber nicht wirklich geschwächt. Aus ihrer Sicht waren die russischen Konstruktivisten keine Asketen der Form.

Die Verbreitung des internationalen Stils nach dem Zweiten Weltkrieg bedeutete ihr Ende, denn: eine „reine" Architektur verträgt keine Mittelmäßigkeit. Nicht jeder war Mies van der Rohe, und das Schweigen der Vorhangfassaden wurde zum abgedroschenen Klischee. Der Engel, der die Rückkehr der Form verkündete, war Robert Venturi*. In den heute berühmten Werken, *Komplexität und Widerspruch in der Architektur* und *Die Lehre von Las Vegas*, zwei „zaghaften Manifesten", hat Venturi eine reichhaltige, einschließende und „unreine" Architektur wiederhergestellt und dabei sämtliche Referenzen hinzugezogen, die er aus der Quelle der Geschichte oder einer verbreiteten und lebendigen Kultur schöpfte. Indem Venturi die Straßen, die Schilder und das Einkaufszentrum als Schmelztiegel der städtischen Lebendigkeit bezeichnete, hat er – vielleicht unbeabsichtigt – zum Comeback der Architektur in der Welt und zum Ende ihrer relativen Autonomie beigetragen. Daraufhin entstand die Kapelle von

Bau des Eiffelturmes
1889

Ronchamp* im französischen Jura, die allgemeine Bestürzung (und bei dem jungen Architekten Stirling* Ratlosigkeit) erregte. Zu dem Zeitpunkt, als er sein Werk „Das Gedicht vom rechten Winkel" verfaßte, lieferte Le Corbusier, der Apostel der Wohnmaschine, dieses komplizierte, großzügige und sinnliche Bauwerk ganz in Kurven und Hohlräumen. Die Architektur erwachte aus einem langen Dornröschenschlaf. Sie schüttelte sich und blickte um sich, um festzustellen, daß sich die Welt verändert hatte. Sie erkannte eine Verwandtschaft mit der bildenden Kunst, die ein halbes Jahrhundert lang nicht geruht hatte. Suprematismus, konkrete Kunst und Expressionismus wurden neu betrachtet. Man entdeckte Neo-Dadaismus, Pop-Art, Minimalisten und Concept-Art. Man verfiel auf den Gedanken, daß diese Epoche nicht Trägerin einer eindeutigen und monopolistischen Ästhetik sei, sondern eine Palette unbeschränkter Möglichkeiten. Die Technik läßt alle Hindernisse überwinden. Die Homogenisierung der Kultur durch den Informationsfluß erzeugt a contrario die Bestätigung von Gemeinsamkeiten und Unterschieden. Die Bilderflut hat das Feld der Symbole zurückerobert, womit Victor Hugo widerlegt ist. Die Architektur entdeckt darin die Freiheit wieder, ihren Zeitgeist konkret auszudrücken und auch den Orten Gestaltungskraft zu verleihen! Im übertriebenen Bestreben, tabula rasa machen zu wollen, endete eine moderne Architektur, die der Geographie gegenüber gleichgültig war, damit, daß sie das Umfeld mit der Welt und die Natur mit Grünflächen verwechselte. die Energiekrise und ein neues ökologisches Bewußtsein haben sie auf den Boden zurückgeholt. Global denken, lokal handeln – so lautet die Parole einer ganzen Generation, die sich auch die Frage stellt, welche Beziehungen sie zu einer durch die industrielle Gesellschaft grundlegend veränderten Natur aufbauen kann. Eine neue Sensibilität gegenüber den Elementen und deren Bezähmung durch die Technologie tritt zutage, die die Leidenschaft des Phöbus besänftigt und in einem zugleich ökonomischen und sinnlichen Verhältnis von schön *und* nützlich den Wind bezähmt?

„Das Licht ist", sagte der bedeutende amerikanische Architekt Louis Kahn*. Er dachte an das natürliche, göttliche Licht, an die unergründliche Klarheit, die von den Sternen herabfällt. Er täuschte vor, die Tatsache zu ignorieren, daß der Mensch in seiner unendlichen Findigkeit die Elektrizität erfunden hatte - oder er hielt sie für nebensächlich. Mehr als ein Jahrhundert nach ihrer Geburt bleibt die Fee eine faszinierende Thematik. Sie hat ihre Quellen vervielfacht und vergrößert, sich mit den Farben des Regenbogens umgeben und breitet ihr Licht über den Städten mit ihren Häusern aus.

Eines Tages im Jahr 1925 sandte der italienische Physiker und Nobelpreisträger Guglielmo Marconi von Bord seines Bootes im Mittelmeer ein Radiosignal aus, das durch einen einfachen Impuls das ganze Rathaus von Sydney erleuchtete. Die Architekten dieser Jahrhundertwende schulden ihm einen bewegten Gedanken der Anerkennung. In der Tat arbeiten an dieser Ästhetik des Wunders einige von ihnen: Sie beschreiben die Wege der Elektronik und der Kommunikation, erforschen die Netzwerke und Lichtleitfaser, schließen sich an Video und Kathodenstrahlröhren an. Die Architektur, die sie versprechen und deren schüchterne Anfänge sie bereits präsentieren, besteht aus Bildern, Ungreifbarem und Hologrammen – eine Architektur, die der Materialität beraubt ist, eine illusionistische Architektur, die die Oberflächlichkeit und Unruhen einer stetig im Wandel begriffenen Gesellschaft entblößt.

Die nachfolgenden Texte und Bilder werfen eine Unzahl von Fragen auf, geben uns möglicherweise aber auch Antworten. Die Zukunft scheint sich abzuzeichnen…

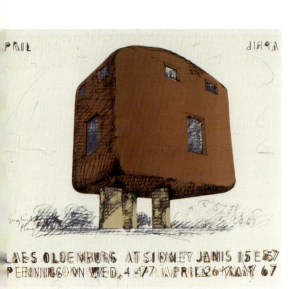

Gebäude in Form einer Steckdose
1967
Gouache
Claes Oldenburg

Entwurf für eine leuchtende
Werbesphäre
1924
Herbert Bayer

Entwurf für den Friedenspavillon
Exposition Universelle, Paris 1937
Laprade und Bazin

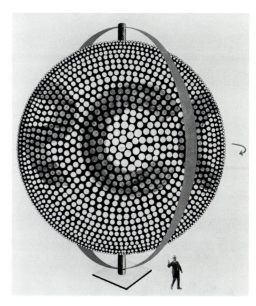

11

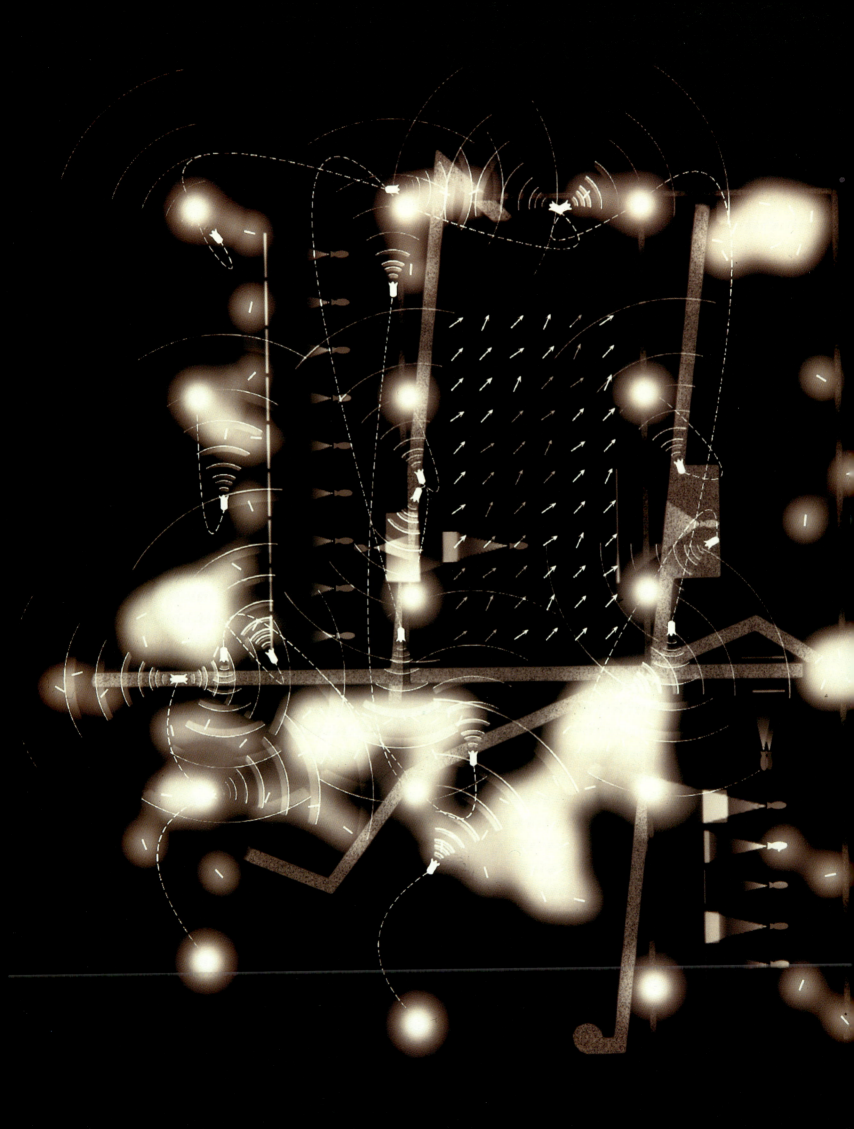

1. POSITIONEN

„Nicht Glück für alle, sondern Glück für jeden."
Boris Vian

Das Ende dieses Jahrhunderts ist vom Zusammenbruch der Ideologien, vom Ende der großen Diskurse gekennzeichnet. Für die Architektur mit ihren universellen Theorien, mit der ganzen Palette ihrer einzigartigen und absoluten Lösungen, die das Schicksal der Menschheit bestimmten, und ihrem Übermaß an Dogmatismus ist die Zeit der großen Manifeste, deren Schwächen aufzudecken die Realität sehr schnell übernimmt, endgültig vorbei.

Angesichts einer komplexen und unberechenbaren Welt haben die Architekten bei ihren Überlegungen eine gemäßigtere, zugleich auch pragmatischere Richtung eingeschlagen. Es geht weniger darum, große Theorien zu entwickeln, als Situationen, Gegebenheiten und Örtlichkeiten richtig einzuschätzen und präzise Stellungnahmen zu geben, möglichst zaghaft und ohne Bekehrungseifer. Die Theorie als „Werkzeugkasten", wie sie von den Philosophen Foucault und Deleuze erstmals dargestellt wurde, eine aktive Theorie, die vielleicht vor großen Illusionen geschützt ist. Die Auswahl der Texte, die folgt, zeugt von der Vielfalt der Hauptanliegen und Positionen. In ihnen wird auf einige Fragen eingegangen, die sich ein Berufsstand über die Welt, die Architektur und die Beziehungen, die zwischen diesen beiden hergestellt werden können, stellt: die Rolle der Avantgarde-Bewegungen (Peter Cook); die bedrohte Modernität (Daniel Libeskind); das Ereignis als Kondensator des Projekts (Bernard Tchumi); die Wiederentdeckung einer Phänomenologie der Wahrnehmung (Arakawa & Gins); der Krieg als Territorium der Architektur (Lebbeus Wood); die Strategien, um einer ungewissen Realität die Stirn zu bieten (François Roche).

Dieses Mosaik von Betrachtungen stellt selbstverständlich nur einen Teil all jener Gedanken dar, die die Architektur unserer Zeit bewegen. ∎

Linke Seite
Atelier National d'Arts contemporains
Le Fresnoy, Frankreich
Bernard Tschumi

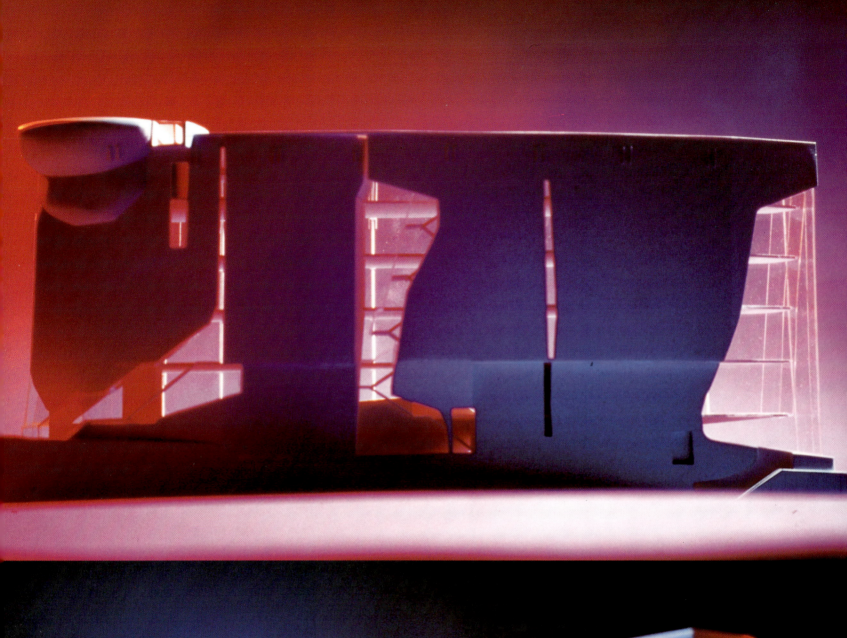

PETER COOK

London, Großbritannien

Im optimistischen London zu Beginn der 60er Jahre, zur Zeit der Popkultur und der Miniröcke, mutete das Auftauchen von Peter Cook und der Gruppe Archigram* wie eine Revolution an. Archigram nahm mit einem von den Comics inspirierten Bildern alle Fragen beim Wort, die im Verlauf des vorangegangenen Jahrzehnts von der Independent Group* (einem Künstler- und Kritikerzirkel) aufgeworfen worden waren und setzte diese in die Form um. Innerhalb eines Zeitraumes von etwa zehn Jahren sollte Archigram also in einer erneuten Hommage an die Technologie, die Medien und den Konsum, eine hedonistische Vision der Architektur des zukünftigen Universums liefern und (mit Hilfe von Cedric Price*) die Modelle des britischen High-Tech liefern.

Peter Cook hat seitdem ein persönliches Werk verfolgt, das um die Flexibilität der Programme und um eine ökologische Sensibilität kreist, wobei er mit seinen Bildern eine expressionistischere Richtung in einer durch die Natur und die Farbe besänftigten Ästhetik eingeschlagen hat.

Anmerkungen über eine avantgardistische Architektur
Essay

In diesem Augenblick der Geschichte glaubt man allgemein, daß wir der Rolle mißtrauen, die die Avantgarde spielt, vielleicht weil sie Anfang dieses Jahrhunderts vorherrschend war (und damit für uns zu einem aus der Sicht der Zyklen der Geschichte schlechten Zeitpunkt) oder vielleicht auch, weil sie mit ihren unseriösen Methoden die etablierte Struktur der Kategorien der Architektur bedroht.

Die Avantgarde hat sich oft den Regeln des Moments und auch ihren Ikonen widersetzt. In ihren besten Momenten hat sie versucht, alles explodieren zu lassen: Beseitigung der kritischen Stimme, der Tonleiter, des Lebensbereiches oder des Mediums der Übermittlung der Botschaften, und hat dabei gleichzeitig das Auge, den Geist oder das Ohr provoziert, indem sie mehr als nur banale Alternativen aufgezeigt hat. Die Hauptschwäche eines Großteils der Avantgardebewegung innerhalb der Architektur beruht vielleicht auf ihrer Gewohnheit, die Haupttendenzen zu schnell aufzunehmen. Das ist verständlich, denn die Architektur ist eine soziale und nützliche Kunst. Man kann dennoch der Überfülle der Absichtserklärungen, die die Architekten in den letzten Jahren abgegeben haben, nur perplex gegenüberstehen. Selbst wenn man kein Befürworter ist, was den Stil oder den Inhalt betrifft, kann man sagen, daß die Projekte der Architekten selbst die Frage nach der fundamentalen oder ästhetischen Anordnung aufgegriffen haben, während Literatur, Musik und Tanz im gleichen Zeitraum eine echte Revolution durchgemacht haben. Daniel Libeskind mit seiner Fähigkeit, gewagte Visionen zu synthetisieren, die gleichzeitig ganz klar Musik und Mathematik zur Geltung bringen, und die Gruppe Coop Himmelblau und ihr Versuch, inmitten aller Zwänge von Funktion, Ort und Raum die Momentaufnahme, die erste Geste zu privilegieren und einzufangen, bezeugen – jeder auf seine Weise – die Unerschrockenheit, und, was noch bezeichnender ist, das Bestreben, die Tyrannei der neuen und den Verhältnissen

Linke Seite
Bürogebäude
Hamburg, Deutschland

entsprechenden Denkweise in der Architektur zu überwinden (oder gänzlich zu erneuern?). In diesem Sinn reihen sie sich unbestreitbar in die Tradition der Avantgarde ein, und zwar in das Beste, was diese zu bieten hat. Man kann ihre Arbeit im Hinblick auf die eingefangene Dynamik analysieren, ob ihre Schöpfungen nun eine dynamische Symbolik aufweisen oder nicht. Grundsätzlich tragen sie zu einer Neugestaltung der Architekturkultur bei, indem sie sich kritisch mit ihr auseinandersetzen.

Ob man will oder nicht, vollziehen sich die unvermittelten Wellen der Magie der Architektur an einem vorgegebenen Ort, und der Geist der betroffenen Personen hängt von der Sichtweise ab, die diese von sich selbst an diesem Ort und als Angehörige dieses Ortes haben. Im 19. Jahrhundert waren dies die großen Ballungszentren der Aktivität von Glasgow, Buffalo oder Berlin: Die Architektur wurde dort von der Kühnheit und den Sehnsüchten der jeweiligen Stadt getragen, was sich in einer sehr großen Zahl von ideenreichen Bauwerken ausdrückte. Andere Städte wollten mangels kultureller Anerkennung die Nachfolger von Wien, Rom oder Sankt Petersburg sein. Sie zwangen sich manchmal dazu, ihr Raffinement zu manifestieren, indem sie einen besonderen Stil annahmen, wie es in Brüssel und beim Jugendstil der Fall ist. Im 20. Jahrhundert spielten sich die Dinge auf einer weniger monumentalen, jedoch hinsichtlich des Geldes, der Macht und des Einflusses paroxysmalen Ebene ab. Die im Hinblick auf ihre Architektur interessanten Städte sind ungleichmäßig auf der Weltkarte verstreut. Bei der Betrachtung dieser Städte muß man die besonderen Bestrebungen jeder einzelnen von ihnen, die Struktur ihres Mäzenatentums und die Art und Weise berücksichtigen, in der sie sich offenbaren, wie auch ihren individuellen „Geist".

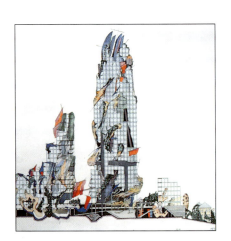

Gebäude Westausgang
Berlin, Deutschland
Ansicht vom Platz

Die großen Metropolen fühlen sich in diesem Schema nicht wohl. New York ist vom Gedanken an einen meßbaren (folglich auch beweisbaren) Erfolg zu sehr in den Bann gezogen, um die Neuheit dort, wo sie kritisch ist, unverkrampft zu behandeln, und zieht es vor, das Auftauchen kreativer Klonen abzuwarten. Paris ist fasziniert von seinem alten Ruf als Wiege der Künstleravantgarde, um etwas anderes fertigzubringen, als hier und da einen Virtuosen wirken zu lassen, woraus das Programm der Großprojekte resultiert (bleibt zu beobachten, ob diese als Katalysatoren für ein kreatives Architekturleben in den Architekturbüros von Paris dienen werden). In der heutigen Zeit erfährt London wieder eine Periode spießbürgerlicher Bauten, für die sich u.a. der Prinz von Wales einsetzt. Man betrachtet dort jedes Anzeichen für eine bizarre oder erfinderische Arbeit als der traditionellen britischen Exzentrik gebührend und folglich als amüsant, jedoch nicht anstoßerregend (in anderen Worten: nicht ernstzunehmend).

Diese Städte verfügen über einen unverhältnismäßig hohen Einfluß. Die Luftverbindungen, die Vielzahl der Schulen, Verlagshäuser und der weltweit tätigen Architekturbüros nähren die verfängliche (wenn auch kreative) Institution des architekturbezogenen Klatsches. An und für sich stellt diese Institution eine nützliche Struktur dar, mittels welcher man schockieren, verblüffen, locken oder einen erbitterten Wettbewerb provozieren kann. Dies begünstigt die Dynamiker und die Ambitionierten, während ein originelles Kunstwerk gleichzeitig zur Glättung in eine bestimmte Konformität gepreßt wird.

Die maßgeblichen Fragen, die den wesentlichen Unterschied zwischen den „inspirierteren" Werken der Architektur und den Werken bestimmen, die man in etwa als postmodern eingestuft hat, sind die Fragen nach dem Raum, dem physischen Bestreben und nach der Rhetorik. Der Umstand des Postmodernismus hängt in den meisten Fällen vom Zeitpunkt der Repräsentation, vom Profil, vom Grad der Automatisierung und einer Kompositionsweise ab, die mehr vom gezeichneten Grundriß aufweist als vom dreidimensionalen Modell.

Was das opportunistische Projekt des 19. Jahrhunderts mit dem Modernismus und der neuen, explosiven Architektur verbindet, liegt außerhalb dieser Zwänge. Die neue Tendenz benötigt keine Zitate, um unser Interesse zu erregen. Sie ist in gewissem Sinn primitiver aufgrund der Herausforderung, den Raum und die Materie zu beherrschen. Sie versucht nicht, ihre Bemühung zu verbergen, und schwelgt in bestimmten

Verzerrungen und Ablenkungsmanövern, die beiläufig entstehen. Die Faszination, die beispielsweise Toyo Ito und Itsuko Hasegawa für halbdurchsichtige Schichten empfinden, um daraus eine Analogie mit den Naturphänomenen, Wolken und Wäldern, zu ziehen, beruht auf dem ursprünglichen Verlangen, mit den fundamentalsten wahrnehmbaren Elementen der Natur verbunden zu sein.

Die Entfernung von ihrer Stadt, Tokio, von der Welt, wo die Architektur des 20. Jahrhunderts diskutiert und kreiert wird, zwingt sie zu einem Bewußtsein, das sich auf zwei Arten ausdrückt. Das erste ist die Einbeziehung ihres Sinnes für Raffinesse, was die verschiedenen Kunsthandwerke, die Mythen, die richtige Plazierung, die Sinnestäuschung, die Geschicklichkeit betrifft. Die zweite Art ist eine unmäßige Vorliebe für Neuartiges und die vollständige Verfügbarkeit der Errungenschaften des 20. Jahrhunderts. Hasegawa muß viel Freude dabei verspürt haben, in einem der trostlosesten Viertel des Stadtrandgebietes von Tokio großartige Kuppeln, Hügel und Wälder aus Metall zu bauen, ebenso wie Masaharu Takasaki sich inmitten des gutbürgerlichen Stadtviertels von Shinjuku mit seiner Bauweise in Form eines Eies und seiner benachbarten Antenne prächtig amüsiert haben muß. Man darf darauf aufmerksam machen, daß Tokio im Prinzip eine Stadt des Flickwerks ist, in der die Veränderungen hinsichtlich der Bezugnahme, der Oberfläche, der Intensität und der Substanzen häufig sind. Trotz allem bleibt es potentiell das für eine neue, experimentelle Architektur geeignetste Terrain.

Bei den offensichtlich anders gearteten Konditionen von Los Angeles bleibt der Hauptkatalysator die geographische Lage, ganz als ob die drohende Gefahr, im Ozean versinken zu können, eine Art Hemmnis wäre, ganz als ob der (seit vielen Jahren bestehende) Wille, ein Zentrum zu gewähren, dazu zwingen würde, eine Art Anti-Architektur zu betreiben. Dieses Seebad der Superlative hat so manches Juwel hervorgebracht, und Frank Gehry hat etwas von der Strenge geerbt, mit welcher die Künstler der West Coast auf diese besondere Mischung von Licht und Landschaft, von Entfliehen und Erfinden reagiert haben. Als kulturelle Persönlichkeit reichte er sein großes Können an die Architektur der Stadt weiter und schuf eine geistige Schule für die Architektur. Als Botschafter der Westküste wurde er eingeladen, auch anderswo zu bauen, bis hin zum Herzen Europas.

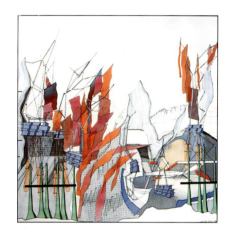

Gebäude Westausgang
Berlin, Deutschland
Detail des Schnitts

Mit dem Aufkommen neuer Talente im kontrollierten Flickwerk von Los Angeles kann man sich die Frage stellen, was das Modell dieser Stadt so besonders Mächtiges an sich hat. Die Fülle an Formen und Materialien, die in Los Angeles eingesetzt werden können, scheint die Architekten sehr zum Nachdenken zu zwingen. Sie sind nicht mehr in der Lage, sich auf die Diktate oder die Mode der Straße zu verlassen, die hier ein Gesims und dort füllende Elemente aufzwingen. Architekten wie Morphosis gelingt es, in bezug auf die Formen der „Freizeitstadt" des Landes neue, originelle Werte einzuführen.

Ebenso erfinderisch in ihrer regionalen Inspiration (und wohlwissend, diese zu übertreffen) ist die gegenwärtige spanische Architektur. In Barcelona wurde von so unterschiedlichen Männern wie Oscar Tusquets* (der Theatralischste) sowie Piñon* und Viaplana* (die Kontemplativsten) eine raffinierte, elaborierte Architekturkultur geschaffen. Ihre Thronfolger, Carmen Pinos* und Enric Miralles, lassen sich von weit mehr als nur den regionalen Traditionen inspirieren.

Die Atmosphäre in Barcelona ist von Natur aus rauh und kritisch: bleibt abzuwarten, wie die globale Diskussion um die Werte und Formen das Land beeinflussen wird.

Was die Haupttendenz der Architektur anbelangt, kann man Spanien mit Holland vergleichen, das im Vergleich zu den anderen europäischen Ländern einen höheren Anteil an guten Architekten aufweist. Doch ist das, was dort ausgedrückt wird, wirklich ein wahrhaft neuer Geist?

Es ist durchaus möglich, daß in den nächsten 20 Jahren die Initiative in der Architektur von einem Land ausgehen wird, von dem man dies nicht vermutet. Man betrachte nur die wichtige Rolle, die Schweden urplötzlich in den 40er Jahren, Brasilien in den

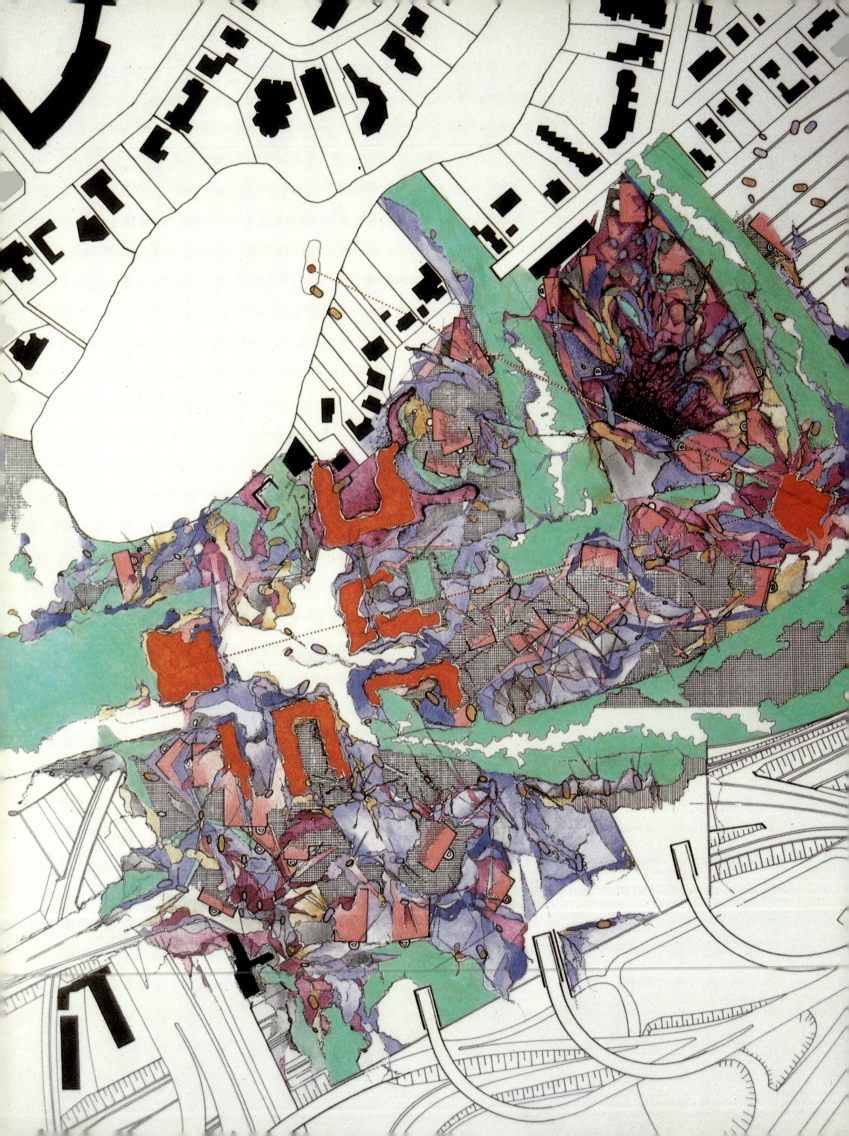

50er Jahren gespielt hat und die Spanien heute spielt, im Vergleich zum Schattendasein, das diese bis dahin führten. Das nächste aktive Forum einer „Post-Techno"-Architektur wird vielleicht Australien sein (mit seinen erstaunlich erfinderischen Architekten, die, wie es scheint, von der technischen Tradition der Metallkonstruktionen der australischen Wüste inspiriert wurden, der sie unaufhörlich neue Raffinements hinzufügen). Was werden die tschechische Republik, Ungarn oder gar Kanada produzieren? Diese Rolle dürfte jedoch noch auf die Industriestaaten zurückfallen, denn die High-Tech-Konstruktionen sind sehr kostspielig.

Linke Seite
Gebäude Westausgang
Berlin, Deutschland
Lageplan

Nebenstehend
Schnitt

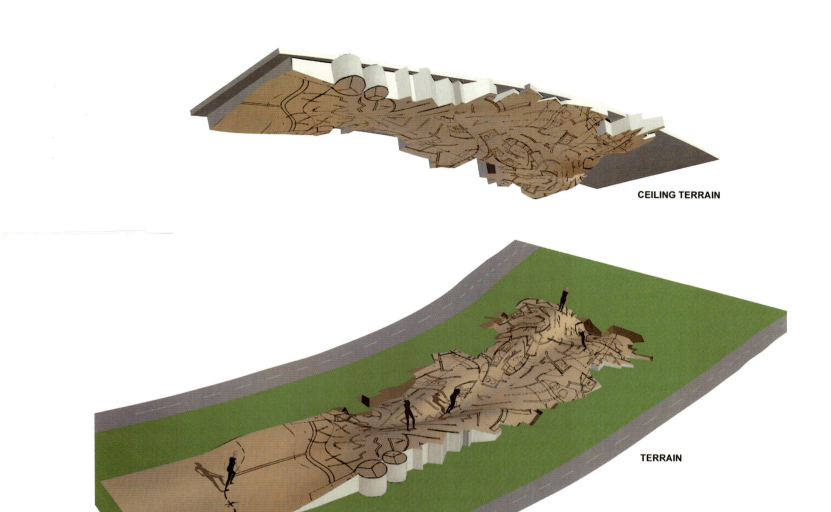

CEILING TERRAIN

TERRAIN

ARAKAWA UND MADELINE GINS

New York, USA

Seit den 60er Jahren beherrschte das Bild der Zeit die Gemälde von Arakawa. Die Anlagen, die von Arakawa und Madeline Gins konzipiert wurden, gehen Fragen auf den Grund, die zugleich philosophischen und ästhetischen Inhalts sind. Die normalen Bedingungen der Wahrnehmung werden dort in Kompositionen mit poetischer Reaktion ins Wanken gebracht, die dahin tendieren, die Fragen nach Raum, Materiellem und Immateriellem, nach Sensoriellem und Nicht-Sensoriellem zu transzendieren und die Zeit durch die Erfindung eines reversiblen Schicksals in Schach zu halten.

Die Häuser mit reversiblem Schicksal

Das älteste Haus mit reversiblem Schicksal befindet sich in Japan, in Gifu. Es wurde eine vorläufige Vereinbarung für die Errichtung einer Parzellenanlage mit reversiblem Schicksal für mittleres Einkommen getroffen.

– Es kann mehrere Stunden dauern, um vom Wohnzimmer in die Küche zu gelangen.
– Das Gelände bestimmt den Grundriß.
– Das einzige Schicksal, das zur Diskussion in Frage kommt, ist reversibel.
– Die Häuser werden zunächst Eingänge sein.
– Man wird sie durch die Mauern betreten.
– Es werden komplexe Dialoge zwischen Körper und Gelände geschaffen werden. Die Frage, wer wem überlegen sein muß, wird ständig diskutiert werden.
– Die Unbeständigkeit, die es vermittelt, soll den Wert des Hauses ausmachen.
– Es wird zwischen dem Labyrinth und dem Haus eine gegenseitige Befruchtung stattfinden.
– Man wird jedem Labyrinth sein Zentrum nehmen und die Frustrationen, die damit hervorgerufen werden, überprüfen.
– Labyrinthe, die auf untreschiedliche Art neu gestaltet wurden (oder auch Komplexe aus krypto-labyrinthischen Mauerstrukturen) werden auf kontrastreiche Weise aufeinandergetürmt.
– Es wird unmöglich sein, auch nur einen einzigen Schritt zu tun, der nicht doppeldeutig ist.
– Ein Abschnitt von drei Metern unter der Decke kann zwischen zwei und neun Schichten von Abschnitten mit Pseudo-Labyrinthen beinhalten.
– Eine Küche kann die exakte Replik des Gartens sein, auf den sie hinausblickt.
– Teile der Küche oder des Wohnzimmers werden im Schlafzimmer oder im Badezimmer wieder auftauchen.
– Bestimmte Stücke werden auf Geländeflächen mit entgegengesetzter Hangneigung identisch angelegt sein.
– Nichts kann von sich aus an Ort und Stelle bleiben.
– Es wird eine Überfülle an Bezugspunkten, an Plätzen herrschen.
– Die Rückseite der Gegenstände wird stets in Reichweite sein.

Linke Seite
Haus mit reversiblem Schicksal

Oben
Modell des Geländes und der Decke
Unten
Modellansicht

Rechte Seite
Haus mit reversiblem Schicksal

Oben
Perspektivische Modellansicht
Unten
Hauptgrundriß des Hauses

Folgende Seiten
Parzellenanlage mit reversiblem Schicksal für mittleres Einkommen

Unten
Büro mit reversiblem Schicksal
Modell- und Lageplanansicht

– Sooft dies möglich ist, wird die Errichtung der Strukturen schrittweise (oder besser: halbschrittweise) erfolgen, um jegliche Empfindung des „Abrupten" aus der Welt zu schaffen.

– Man wird alle Bequemlichkeiten neu erfinden.

– Man wird unter Umständen mehrere Tage benötigen, um den Speisesaal ausfindig zu machen.

– Die Moderne wird gemäß spezifischer Zeilen und Bände in einem grammatikalischen Experiment zum Rokkoko werden.

– Die Gemeinschaftsplätze werden einen doppelten oder dreifachen Horizont besitzen.

– Man wird als Modell Liverpool und die Antarktis gemeinsam heranziehen.

– Manche Häuser werden Miniaturausgaben ihres Dorfes (oder eines anderen Dorfes) sein.

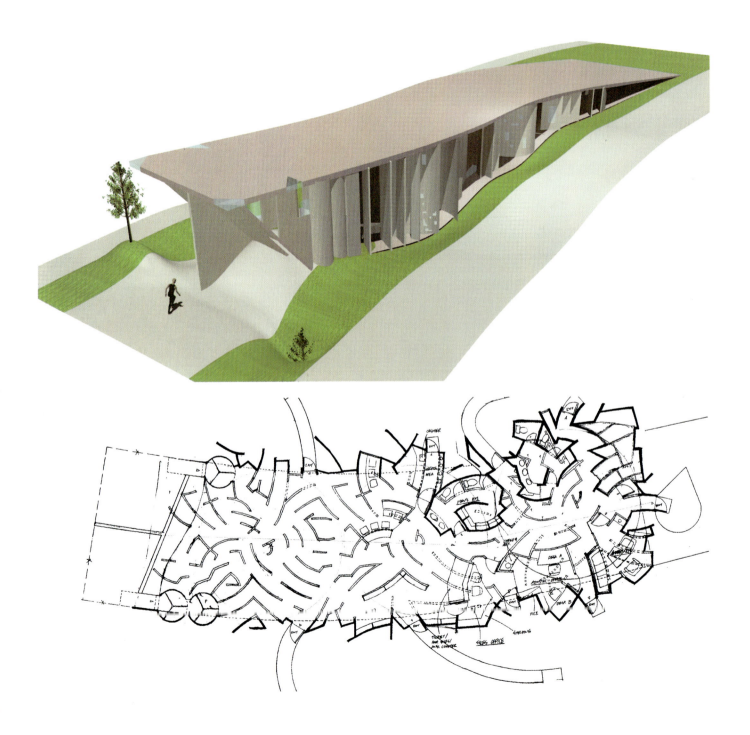

– Man wird zuerst in die Männertoilette gelangen, bevor man sein Schreibzimmer erreicht.

– Die Bewohner werden beginnen, sich sowohl auf ihr Haus als auch auf sich selbst zu verlassen und werden sich letztendlich mehr auf ihr Haus als auf sich selbst verlassen.

– Das unbedeutende Ereignis wird Halluzination und Nicht-Halluzination werden.

– Das Haus wird es uns ersparen, Persönlichkeit besitzen zu müssen.

– Ein Haus kann zum Lebensersatz werden.

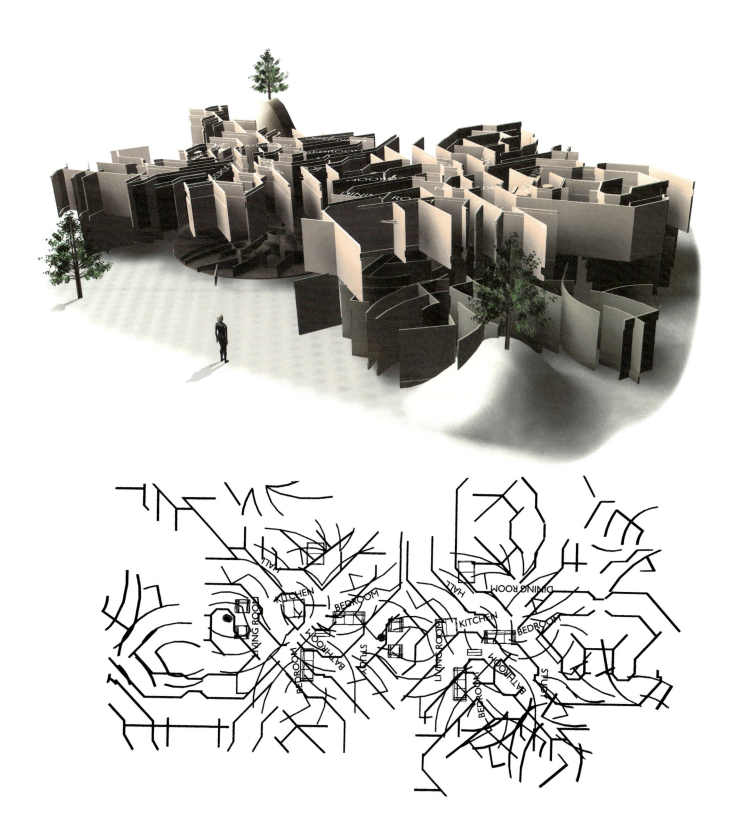

DANIEL LIBESKIND
Berlin, Deutschland

Daniel Libeskind ist in Polen geboren und erwarb sein Diplom als Architekt an der Cooper Union von New York, um dann an der Universität von Essex in England die Geschichte und Theorie der Architektur zu studieren. Im Verlauf der 80er Jahre tat er sich als singuläre Persönlichkeit auf der Suche nach einer Architektursprache hervor, die den Sinn erneuern und ihre Quellen in Bereichen der Musik, der Mathematik und der Geschichte finden sollte. Seine Zeichnungen und Modelle, die eine scharfe und komplexe Geometrie an den Tag legen, haben zu einer neuen Dramatisierung der Projekte beigetragen.

Um die dunkle Seite der Welt darzustellen, konnte kaum ein besseres Thema gefunden werden, als der Bau eines Jüdischen Museums im Rahmen des Berliner Museums. Das Bauwerk, das kurz vor seiner Fertigstellung steht, kündigt sich als strenge, würdige und eloquente Inszenierung dieser Tragödie in der Geschichte an.

Brief aus Berlin
Essay

„Es ist vollbracht!". So lautet der deprimierende Kommentar, den man heutzutage in Deutschland zu hören bekommt, was das Thema Architektur und Städtebau anbelangt. Doch was ist vollbracht? Man möchte uns gerne glaubhaft machen, daß die Epoche, die viele fruchtbare Träume und Visionen hervorgebracht hat, abgelaufen ist; daß die Zeit vorüber ist, in der die Fatalität der Vergangenheit durch den Mut zum Akt des Bauens in etwas Neues verwandelt worden war. Das Bauen ist vielleicht die einzige Kunstrichtung, die von Grund auf optimistisch ist. Denn man kann nicht eine Stadt mit ihren Bauwerken errichten, ohne die Hoffnung zu besitzen, daß daraus eine bessere Zukunft entstehen wird. In der heutigen Zeit wirken jedoch der Pessimismus und die Zaghaftigkeit jeglichem Verlangen entgegen, die Herausforderung der Zukunft mit beiden Armen zu umschlingen. Man beruft sich auf autoritäre Weise auf die Schreckgespenster der Vergangenheit, um die außergewöhnlichen Errungenschaften Deutschlands in der Nachkriegszeit zu schmälern.

Seit dem Ende des Zweiten Weltkrieges hat Deutschland in bezug auf die Architektur und die Städtebauentwicklung eine führende Rolle eingenommen, wobei man neue Lösungen für die Umwelt und technische Neuerungen suchte, die dem Leben in der Stadt Rechnung tragen. Diese Tradition, die Möglichkeiten mit Hilfe der Verwirklichung von Träumen zu vervielfältigen, ist typisch deutsch. Von den Arbeiten des Werkbund* über Bauhaus* und die Siedlungen* zieht sie sich durch die Nachkriegsausstellungen hin. Josef Paul Kleihues*, der sich auf eine poetische Rationalität stützt, hat anhand der jüngsten Projekte der IBA* in Berlin bewiesen, daß man bei der Planung verschiedene Elemente aus allen Teilen der Welt in das reichhaltige Mosaik der Stadt integrieren kann.

Ist diese Tradition nun bald an ihrem Ende angelangt? Ich bin der Ansicht, daß diese ergiebige Tradition heute durch die reaktionären Tendenzen gefährdet ist, die versuchen,

Linke Seite
Jüdisches Museum, Berlin
Deutschland
Modellansicht

den Gedanken daran zu ersticken, daß Deutschland der Schauplatz wirklich neuer Visionen gewesen ist, was die Baukunst und die Entwicklung des Städtebaus betrifft, und daß seine Dynamik der europäischen Kultur eine reelle Substanz verliehen hat.

Ich selbst habe in Magdeburg an einer Konferenz über Städtebau und Baukunst auf den bestehenden Baustellen in der ehemaligen DDR teilgenommen. Man überreichte dort den Städteplanern und Architekten des Ostens das neue Evangelium, das im wiedervereinten Deutschland Erfolg versprechen soll: zahllose Regeln (bestehend aus einer strengen und rückschrittlichen Ordnung), die mit bestechender Leichtigkeit komplexe Probleme lösen. Kurzum, wenn man dem glaubt, was oben gesagt wurde, war für diese Übergangszeit eine eiserne Disziplin notwendig.

Den Delegierten versicherte man, daß für die Architektur und den Städtebau weder neue Ideen noch neue Träume, Vorstellungen oder Visionen erforderlich sind – nur Schweigen und Konformität. Während ich dieses Gerede – von Augenblick zu Augenblick konsternierter – inmitten der Architekten und Städteplaner der ehemaligen DDR vernahm, konnte ich deren Empörung über diesen reaktionären Appell an die alte Ordnung verspüren: Schweigen Sie! Träumen Sie nicht! Verzichten Sie auf jegliche Vision, auf jegliche individuelle Kreativität, und halten Sie sich hübsch an alle Spielregeln, wenn Sie bauen möchten.

Diese dogmatische und antidemokratische Sicht der Dinge hat begonnen, das Klima der deutschen Architektur zu beeinflussen. Was noch bedauerlicher ist, sie ist bezeichnend für das, was im Augenblick in Berlin abläuft – nicht nur rein theoretisch, sondern auch in der Praxis. Die Architektur von Berlin ist heute in einem geradezu erschreckenden Maße Gegenstand einer phänomenalen Eingliederung und Kontrolle, und dies unter dem Deckmantel der Rhetorik von der guten alten Ordnung. Unter dem Vorwand des Rationalismus beruft man sich auf willkürliche Zwänge, die selbst hochkarätige Architekten wie Philip Johnson*, Arata Isozaki* und Richard Meier* nicht bezwingen können. Vor sechs Monaten hat Philip Johnson öffentlich in Berlin seine Rechtfertigungsgründe für sein Einkaufszentrum am Checkpoint Charlie vorgebracht und erklärt, daß er niemals zuvor von irgendeiner anderen modernen Stadt dazu gezwungen worden sei, derart mittelmäßige und langweilige Pläne zu produzieren. Die Frage ist ganz klar: Wenn es Architekten von Rang und Namen als unmöglich betrachten, Projekte auszuarbeiten, die dem großen architektonischen Erbe Berlins würdig sind, welche Hoffnung bleibt dann für die junge Generation?

Es genügt eine Betrachtung der Projekte, die Sieger bei den Wettbewerben der letzten drei Jahre in Berlin wurden, um festzustellen, bis zu welchem Punkt sich die faszinierende Vielfalt der Stadt in eine banale Einfalt verwandeln wird. Mit einigen wenigen Ausnahmen sind die überall verstreuten Bauwerke, die derzeit entstehen, eine phantasielose Verbreitung bürokratischer und verwaltungstechnischer, unter dem Banner des Rationalismus zusammengefaßter Formeln. Der Stil ist simpel, schnell und steril. Er toleriert keinerlei Phantasie bezüglich der Form und des Materials. Dies ist der perfekte Rahmen für die Geburt eines eindimensionalen Individuums, eines Individuums ohne Eigenschaften.

Berlin ist ein faszinierendes Patchwork aus konfliktgeladenen Geschichten, Maßstäben, Formen und Räumen, eine gehaltvolle Mischung aus Substanz und Phantasie. Die aktuellen Kriterien für den Senatsbau* von Berlin sind nicht einfach nur Grundregeln, um die Möglichkeit zukünftiger Entwicklungen zu garantieren, sondern autoritäre und repressive Verordnungen. Die Rahmenbedingungen für den Plan beschränken sich nicht auf die Definition einfacher Meßwerte für die Bauwerke, sondern befassen sich auch tatsächlich mit den Materialien, den Formen und schließlich mit der Botschaft der Architektur. Durch den systematischen Einsatz von Steinfassaden mit Giebeldächern, eines einheitlichen Fenstermodells, den stets gleichgearteten Gittern, einer konstanten Symmetrie und abgeschlossenen Blocks passen sich die Gebäude und Straßen an das bürokratische Konzept dessen an, was „gut" ist. Jüngst hat der Sieger des Wettbewerbs vom Alexanderplatz bestätigt, daß es nicht mehr erforderlich sei, die Stadt aus Glas, Beton und Stahl zu bauen, sondern aus jenem ewigwährenden Material – dem Granit.

Das Leben in einer pluralistischen Gesellschaft impliziert per se eine unwahrscheinliche Vitalität und eine notwendige Vielfalt von Erfahrungen und Meinungen. Eines der Dinge, die mich in der Bundesrepublik Deutschland willkommen fühlen ließen, war eine gewisse Offenheit, die sich in einem grundlegenden Respekt vor dem Individuum, der Initiative, der Andersartigkeit und den Mitmenschen ausdrückte. Diese schätzenswerte Haltung existiert heute nicht mehr. Die Intoleranz, eine Art Fundamentalismus, eine wahrhaft zerstörerische Feindseligkeit gegenüber allem Neuen haben sich in die aktuelle Diskussion eingeschlichen. Eine starke Polarisation, die auf Machtausübung und Kontrolle basiert, versucht, die Illusion einer Einstimmigkeit per Ausschluß aufrechtzuerhalten.

Der Glaube, die Architektur sei in schlechte Hände geraten – in die von Kapitalanlegern, der Medien, der Laienarchitekten und Ignoranten – ist Teil der Krise, die wir beschreiben. Worauf jedoch abgezielt wird, ist eine definitive Veränderung der Stadt – der allzu menschlichen Institution – in ein einziges und perfekt kontrolliertes Modell. Eine derart nihilistische Analyse der Geschichte reduziert das Geheimnis und die Komplexität des Lebens auf eine Einheit, die nur ein Skelett ohne Haut und ohne Leben ist.

Die Entscheidungen der Planer müßten dahingehen, eine lebendige, auf die Zukunft gerichtete Stadt zu schaffen. Die Stadt ist eine große geistige Selbstdarstellung der Menschheit, ein kollektives Werk, das die kulturelle und soziale Selbstdarstellung fördert, ebenso wie die Entfaltung des Individuums in Raum und Zeit. Ihre Struktur ist wahrhaft komplex und entwickelt sich mehr wie ein Traum als in der Art eines Teils einer Maschinerie. Man kann den Einfluß des Spirituellen, des Individuellen, der Kreativität nicht in die Vergangenheit verweisen, als altmodisch abtun. Solange es Menschen gibt, wird man vom Unmöglichen träumen, und das Mögliche wird verwirklicht werden. Dies macht das ureigenste Wesen der Menschheit aus.

Glaspavillon
Ausstellung des Deutschen Werkbundes
Köln, 1914
Bruno Taut

Die Dimension der Stadt ist eine grundlegende Struktur. Wie es Peter Behrens* formuliert hat: „Auch die Architektur strebt dem Unendlichen entgegen. Mehr als jede andere Kunst bleibt sie jedoch aufgrund ihrer Techniken und Zielsetzungen von greifbaren Materialien abhängig (...), mit der Erde verhaftet, aber auf der Suche nach einer geistigen Verbindung mit dem Universum." Wenn man den kreativen Freiraum der Architektur auf einige wenige abstrakte Formeln reduziert, die darin bestehen, „einfach und besonders hoch zu bauen", dann ist keine Architektur mehr möglich, außer für diejenigen Kritiker, die die Architektur nur auf dem Papier anstreben. Muß das städtische Königreich durch diese Materialisten ohne Herz und diese Technokraten ohne höhere geistige Ambitionen unbedingt zunichtegemacht werden?

Die allzu vereinfachte Analyse der Gesellschaft, der Wirtschaft, der Politik und der Architektur kann die Probleme der Bevölkerungsdichte, der Umwelt und des Wiederaufbaus, die die Städte mit sich bringen, nicht meistern. Indem man für Berlin und die erst vor kurzem befreiten Gebiete bestimmte Perioden der Geschichte des 19. Jahrhunderts oder der Zeit des Artdeco, ja sogar des Drittens Reiches zur Wahl stellt, möchte man uns glaubhaft machen, daß man seine Geschichte frei wählen kann.

Der Historiker oder Architekt hat das Recht, ein Faible für einen bestimmten Abschnitt der Geschichte zu haben. Ganz anders jedoch sieht die Tatsache aus, daß die Geschichte vergewaltigt wird, mit dem Ziel, andere Aspekte eben dieser zu unterdrücken und Gesetze gegen die Gegenwart aufzustellen. Ein Architekt hat in einer offenen Gesellschaft die Verantwortung, gegen die konfliktbeladenen Interpretationen der Geschichte anzukämpfen, die von der Stadt ausgedrückt wird. Eine wahre Architektur parodiert die Geschichte nicht im entferntesten, sondern verkörpert das, was ihr Sinn verleiht. Sie löscht sie nicht aus, sondern berücksichtigt sie. Man muß beispielsweise den Kontext der ehemaligen DDR ernst nehmen, und zwar nicht aus einer Bewunderung der ärmlich konzipierten Bauwerke heraus, sondern aus Respekt gegenüber ihrer Geschichte und ihrem Volk.

Man kann das reiche historische Erbe der deutschen Architektur nicht von all dem reinigen, wodurch man es verschmutzt glaubt. Die explizite Herabwürdigung und Verleugnung der Kunst der Architektur stellen die radikale Zurückweisung einer Tradition dar, die auf Karl Friedrich Schinkel* und Peter Behrens* (und noch weiter) zurückgeht bis hin zu Mies van der Rohe* (und weiter in die Zukunft) reicht. Eine Tradition, die Männer wie Hans Scharoun*, Bruno Taut*, Erich Mendelsohn* und Hans Poelzig* umfaßt. Eine Politik, die die Modernität angreift, greift die Kultur selbst an.

Eine Architektur ohne Ethik, sei es aus wirtschaftlichen oder politischen Gründen, ist inakzeptabel, da zutiefst unmenschlich: Sie verkörpert nur ein Ideal der Konformität. Die alte Kriegslist, die darin besteht, aus der Menschheit im Namen der alleinigen und einzigen Wahrheit eine einheitliche Masse von unterwürfigen Benutzern zu machen, ist verderblich und gefährlich. Diejenigen, die die fehlende Ordnung beklagen, beweisen nur ihre eigene geistige Verwirrung und ihr fehlendes Talent. Der Ausdruck „Mythos der Innovation" führt in der Vorstellung derer, die man bereits davon überzeugen konnte, daß die Grundlage der Menschheit des 20. Jahrhunderts nur ein Mythos war, den man in den Mülleimer der Geschichte werfen kann, zu bestimmten Vergleichen. Es ist ungesund, in der Architektur nur eine einfache Technik zu sehen, um auf so perfekte Weise den Kleinbürger mit seinem Zeitgeist zu formen, den er sich nur stillschweigend erhofft. Vorzugeben, die Städte Siena und Sankt Petersburg seien das Produkt von Monotonie und Wiederholung, ist insofern lächerlich, als diese Städte sich einer Einheit erfreuen, die vielmehr auf gemeinsamen geistigen Überzeugungen basiert als auf technokratischen Gesetzen.

Einen universellen nationalen Stil zu wollen, und dabei gleichzeitig die manuellen Techniken zu bevorzugen, ist keine Eleganz der Architektur unserer Zeit, sondern stellt eine Sackgasse dar. Man wird niemandem glaubhaft machen können, daß die zeitgenössische Industrie und Technologie urplötzlich Steinmetzen das Feld überlassen werden, die bereit sind, stillschweigend einfache Modelle zu reproduzieren. Die augenblickliche ökologische Krise erfordert es, daß man die Bautechniken hinsichtlich der Materialien und ihrer Anwendung ernsthaft überdenkt. Wir müssen uns vorrangig mit den Architektur- und menschbezogenen Eigenschaften unserer Bauwerke beschäftigen. Der berühmte Spruch von Mies van der Rohe: „Gott findet sich im Detail" wurde bewußt verfälscht. Heute sind Techniken und Details selbst zu Göttern geworden.

Wir müssen die ungehobelte Profitgier und die prätentiösen Exzesse der 70er und 80er Jahre vergessen: Doch die Lösung dieses komplexen Problems, in Deutschland wie auch anderswo, besteht weder darin, ein halbes Jahrhundert zurückzublicken noch eine sich wiederholende Anonymität für die Zukunft einzuleiten. Es geht weder darum, die individuelle Kreativität zu tadeln noch auf Toleranz und Vielfalt zu verzichten. Man darf niemals den universellen Gedanken und seinen Ausdruck vergessen oder Verrat an ihm begehen. Der Architekt muß etwas anderes sein als das Sprachrohr der herrschenden Meinung. Mit Leib und Seele muß er am Wettkampf für die Schöpfung teilnehmen. Die Intelligenz, die Wünsche und Ambitionen der Menschen dürfen niemals unterschätzt werden, wenn es darum geht, die Herausforderungen der Epoche kreativ zu meistern.

Nationalgalerie
Berlin 1962–1967
Mies Van Der Rohe

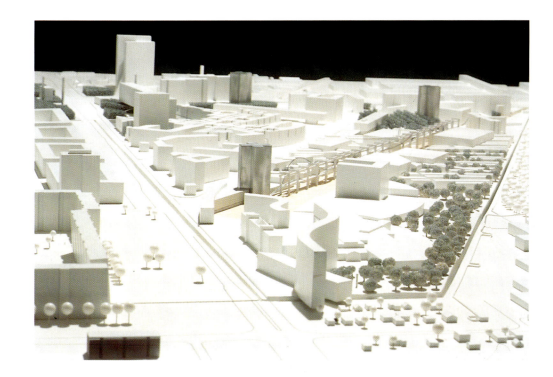

Landsberger Allee
Berlin, Deutschland
Ansicht des Wettbewerbsmodells

Landsberger Allee und Ringstraße, Berlin, Deutschland

Das Projekt „Landsberger Allee" erhielt 1994 den ersten Preis eines internationalen Wettbewerbs im Städtebau. Es weicht auf radikale Weise vom Zwang ab, der gewöhnlicherweise auf Strukturen in strenger Blockbauweise ausgeübt wird. Der Entwurf basiert auf einer ökologischen Gesamtplanung, die das vorhandene soziale Netz berücksichtigt. Dies ist ein Ansatz, der weder in traditionellem Kontext steht noch eine Wandlung des Traumes von der *tabula rasa* darstellt. Es ist der Vorschlag einer offenen städtebaulichen Strategie – bereit, auf der Stelle eine spektakuläre architektonische Beteiligung, Veränderung und Verbesserung für Wohngebiete und Geschäftsviertel zu leisten.

Der gesamte Sektor ist dergestalt, daß er sich für die Kräfte der Veränderung und für das 20. Jahrhundert öffnet. Die Landsberger Allee, einer der bedeutendsten monumentalen Boulevards, die uns die ehemalige DDR zum Vermächtnis gemacht hat, ist heute umgewandelt in eine Stadtstraße, deren Rhythmus sich der ganzen Umgebung anschmiegt, und zwar sowohl in optischer als auch in architektonischer Hinsicht.

Man kann die Zukunft derartiger Bezirke nicht mehr unter der Kontrolle kleinlicher Sonderinteressen, Ideologien oder Dogmen sehen; man muß sie sich aus der Sicht des gesamten Spektrums ihrer sozialen, politischen und kulturellen Vielschichtigkeit vorstellen, die bewirkt, daß sich die Zukunft über die Gegenwart mit der Vergangenheit verbindet.

Erweiterung des Berliner Museums: Jüdisches Museum, Deutschland

Mit dem Jüdischen Museum, das 1996 seine Pforten öffnen soll, gewann Daniel Libeskind 1989 bei einem internationalen Wettbewerb den ersten Preis. Mit dem Projekt versucht man aufzeigen, wie untrennbar die Geschichte von Berlin mit der seiner jüdischen Bürger verflochten ist – zwei Kapitel der Geschichte, die auf tragische Weise untrennbar miteinander verbunden sind. Drei wesentliche Aspekte wurden dabei

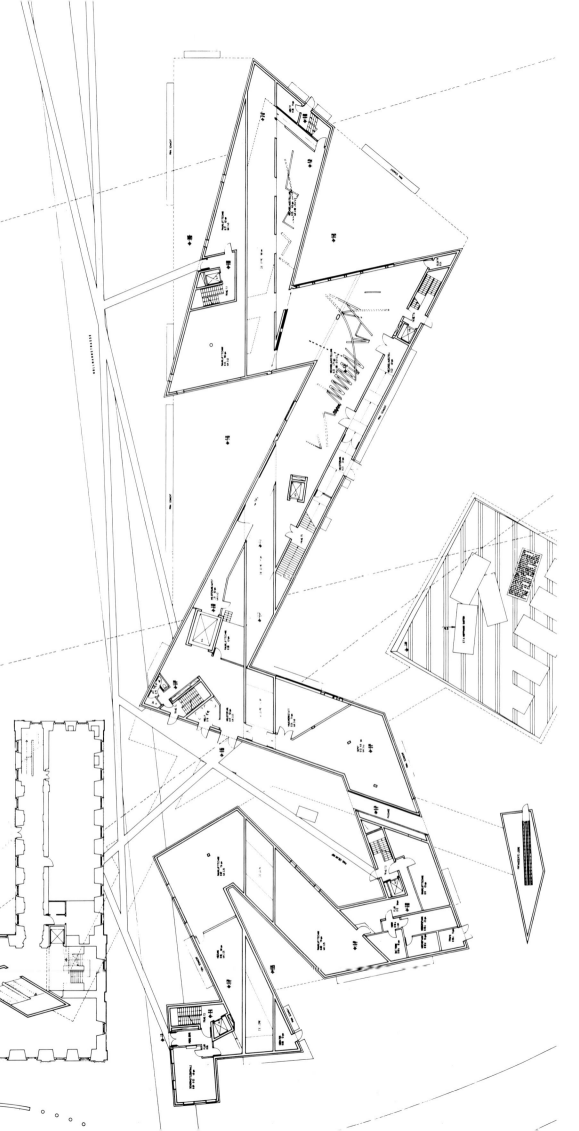

Erweiterung des Berliner Museums, Jüdisches Museum
Deutschland
Grundriß des Erdgeschosses

Rechte Seite
Oben
Das Jüdische Museum während der Bauphase
Unten
Modellansicht

berücksichtigt: die Unmöglichkeit, die Geschichte Berlins ohne die Geschichte der Juden der Stadt zu berichten, die Notwendigkeit, die Abwesenheit einer jüdischen Gemeinde seit dem Holocaust auf architektonische und physische Weise mit einzubeziehen, und, was den Städtebau betrifft, die Notwendigkeit, den Zusammenhang Stätten/Erinnerungen der bis vor kurzem noch geteilten Stadt ins Licht rücken zu müssen.

Man betritt das neue Museum über das alte Barockgebäude. Der Besucher steigt in das Kellergeschoß hinab und stößt auf eine Kreuzung mit drei „Routen". Die erste ist kurz und endet in einer Sackgasse, die einen spitzen Winkel mit dem Holocaust-Turm bildet, wo die letzten Unterschriften der deportierten und hingerichteten Juden hinterlegt werden sollen. Die zweite wird zum Garten E.T.A. Hoffmann führen. Dieser besteht aus Pfeilern, die die Emigration und das Exil der Juden darstellen. Die letzte und längste Route zeigt eine Ausstellung der Kultgegenstände, die aus der Zeit der jüdischen Gemeinde übriggeblieben sind, und führt über ein Haupttreppenhaus zu den Galerien.

Denn im Herzen des Gebäudes öffnet sich ein Loch der Leere: eine undurchdringliche Struktur, von leeren Brücken durchzogen, die sich auf ihrem Weg von einer Galerie zur nächsten überkreuzen. Die Besucher werden um diesen Raum der Leere herumgeführt – einen Raum, der von der Ausradierung der Berliner jüdischen Gemeinde zeugt.

Dieses Projekt hebt sich auf spektakuläre Weise vom traditionellen Museum ab, indem es die kulturelle Frage nach den deutsch-jüdischen Beziehungen ohne falsche Darstellungen oder unangebrachte Sentimentalität behandelt.

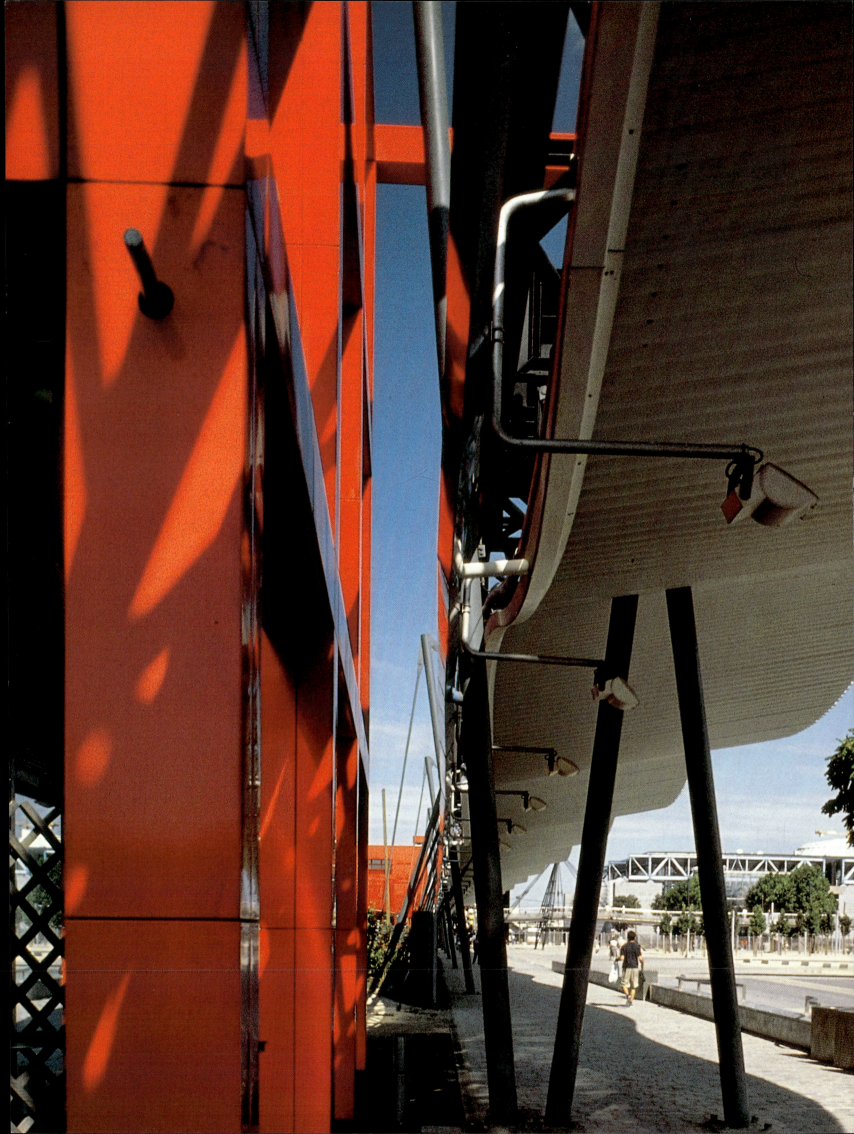

BERNARDTSCHUMI

New York, USA
Paris, Frankreich

Seit den 70er Jahren befand sich Bernard Tschumi unter den ersten, die bei ihrem architektonischen Vorstoß fremde Quellen in diese Disziplin eingeführt haben: den Text (der Garten von Joyce), das Kino (Umsetzung einer Szene aus *Frankenstein* in ein Ballettstück), Verschiedenes (der Fenstersturz als Experiment der Architektur) in Form von kleinen provozierenden und sehr geistreichen Manifesten mit dem Titel „Manhattan Transcripts".

Mit Realisierungen wie dem Park La Villette oder der Videogalerie von Groningen betont er auch weiterhin den Vorrang des Ereignisses vor dem architektonischen Rahmen und definiert die Architektur als „angenehme und gelegentlich heftige Konfrontation von Räumen und Aktivitäten".

Ereignisse
Essay

Das Engagement der Architektur bezieht sich auf das Ereignis, das in einem bestimmten Raum stattfindet, ebenso wie auf diesen Raum selbst. In unserem Zeitalter, in dem sich die Bahnhöfe in Museen verwandeln und die Kirchen in Nachtklubs, müssen wir die außergewöhnliche Austauschbarkeit der Form und der Funktion zur Kenntnis nehmen, die mit dem Niedergang der sakrosankten Beziehungen von Ursache und Wirkung zeitlich zusammenfällt, die dem institutionellen Modernismus so sehr am Herzen liegen.

Die Funktion folgt nicht der Form. Die Form folgt nicht der Funktion, und übrigens auch nicht der Fiktion. Dennoch besteht eine unaufhörliche Interaktion zwischen Form und Funktion, und sei es nur, um sich gegenseitig zu schockieren, daß es nur so klirrt.

Wenn heute das Spiel von Fassaden und Innenräumen nicht mehr in der Lage ist, einen richtigen „Schock" auszulösen, kann jene Erschütterung dann vielleicht von der Aneinanderreihung von Ereignissen, die sich hinter diesen Fassaden abspielen, an den Kern dieser Innenräume gelangen?

Wenn unser Zeitalter angeblich charakterisiert wird durch die „gegenseitige Kontaminierung von Kategorien, dem unablässigen Ersatz und der Vermischung der Genren", wie es die Kritiker sowohl aus der rechten als auch aus der linken Ecke beschrieben haben, könnte man dieses Phänomen im Hinblick auf eine tiefgehende Wiederbelebung der Architektur positiv ausnutzen. Wenn die Architektur – gleichzeitig und nicht in hierarchischer Reihenfolge – vom Konzept und von der Erfahrung, vom Raum und vom Nutzen, von der Struktur und vom Anblick ausgeht, muß sie folglich zwangsläufig davon ablassen, hermetische Unterscheidungen zwischen diesen Kategorien aufrechtzuerhalten, um diese dann zu inoffiziellen Kombinationen von Programmen und Räumen zu verschmelzen. „Inter-Programmierung, De-Programmierung" – viele Konzepte, die zu einer Verschiebung und kreuzweisen Kontaminierung der Begriffe aufrufen.

Im Verlauf der letzten 15 Jahre habe ich beständig die Hypothese neu bestätigt und versucht, durch meine Arbeiten zu belegen, daß es ohne Ereignis, ohne Aktion, ohne

Linke Seite
Park La Villette
Paris, Frankreich

Aktivität, ohne Funktion keine Architektur geben kann. Architektur muß man als die Kombination von Räumen, Ereignissen und Bewegungen betrachten, ohne einem dieser Termini den Vorrang einzuräumen oder diese in eine hierarchische Ordnung zu bringen, ganz zu schweigen davon, daran zu erinnern, daß der direkte kausale Zusammenhang zwischen Form und Funktion eines der grundlegenden Dogmen der architektonischen Denkweise ist: Es schwingt dabei jenes besänftigende Vorurteil mit, demzufolge wir Häuser bewohnen, die entworfen wurden, um „unseren Bedürfnissen zu entsprechen", oder demzufolge unsere Städte zum Wohnen gedachte Maschinen sind. Und die Nebenbedeutungen dieser „Geborgenheit" sind ein Leugnen des wahren „Vergnügens" der Architektur, die überquillt vor unvorhersehbaren Kombinationsmöglichkeiten von Elementen, und ein Leugnen der Realität des zeitgenössischen städtischen Lebens, was seine stimulierendsten und bewegendsten Aspekte betrifft. Folglich kann die Architektur, wie ich es beispielsweise in den *Manhattan Transcripts* angedeutet habe, nicht mehr über die Form oder über die Mauern definiert werden, sondern vielmehr unter Berücksichtigung der Kombination von heterogenen und unvereinbaren Elementen.

Die Einführung der Begriffe „Ereignisse" und „Bewegungen" ist sicherlich zum Teil den Theorien der Situationisten und dem Geist der Bewegung vom Mai 68 zu verdanken. Die „Ereignisse", wie man damals zu sagen pflegte, entsprangen zu gleichen Teilen sowohl der Denkweise als auch der Aktion. Eine Barrikade (Funktion) in einer Pariser Straße (Form) zu errichten. In einer Kirche (Form) zu tanzen (Funktion), bedeutet etwas ganz anderes, als dort zu studieren oder zu schwimmen. Man sieht hier, wie sich die Beziehungen zwischen Form und Funktion auflösen.

Diese ungewöhnliche Begegnung zwischen Ereignissen und Räumen befördert insofern eine subversive Fracht, als sie zugleich eine Provokation der Funktion und der Form darstellt: Derartige Konfrontationen erinnern an die Art der Surrealisten, die die zufällige Begegnung einer Nähmaschine mit einem Regenschirm auf einem Seziertisch zelebrierten. Genau dies beobachtet man heute auch in Tokio, wo man eine Unzahl von Programmen über verschiedene Stockwerke der Gebäudetürme verstreut findet: Kaufhaus, Museum, Fitneßcenter, Bahnhof und Minigolf auf dem Dach. Genau dies werden die Programme der Zukunft bieten, wenn die Flughäfen gleichzeitig auch Vergnügungspark, Sportzentrum, Kino, Einkaufsgalerie und noch viel mehr geworden sind.

Ob nun ein Produkt des Zufalls oder eines zunehmenden Grundstücksengpasses und über den Charme einer ephemeren Verbindung hinausgehend – derartige zufällige Begegnungen zwischen Form und Funktion sind weder bedeutungslos noch ohne Konsequenzen.

Michel Foucault hat das Wort „Ereignis" über die Begriffe von punktueller Aktion bzw. Aktivität hinaus verstanden. Er sprach von „diskursiven Ereignissen", in gewisser Weise von Ereignissen im Denken. Ich möchte fast die Hypothese aufstellen, daß die Zukunft der Architektur heute darin besteht, derartige Ereignisse zu konstruieren. Für Foucault ist ein Ereignis nicht einfach eine logische Abfolge von Worten oder Aktionen, sondern vielmehr der Moment von Verfall, Einsturz, Hinterfragung oder Problematisierung der Umstände, ja sogar des Dekors, in dem das Theaterstück gespielt werden kann, mit der Möglichkeit einer Abwandlung des Dekors. Das Ereignis versteht sich hier mehr als Angelpunkt, mehr als kritischer Augenblick, und weniger als Anfang oder Ende (im Gegensatz zu Aussagen wie „Die Form folgt der Funktion"). Haargenau so entscheidend ist die Verräumlichung, die das Ereignis begleitet. In einem Text, der den Lustschlößchen im Park La Villette gewidmet ist, verstand Derrida die Definition des „Freignisses" noch als „Zutagetreten einer disparaten Vielfalt". In den gemeinsamen Gesprächen, die wir miteinander geführt haben, oder bei anderen Gelegenheiten habe ich immer auf der Tatsache beharrt, daß diese als „Lustschlößchen" bezeichneten Orte Orte der Aktivität, von Programmen und Ereignissen sind. Derrida hat sich in diese Anschauungsweise vertieft und die Möglichkeit einer „Architektur des Ereignisses" in den Raum gestellt, die all das, was uns traditionell als starr, essentiell und monumental präsentiert wird, sprengen würde.

Im übrigen hat Derrida auch die Hypothese einer gemeinsamen Wurzel der Termini „Ereignis" und „Erfindung" weiterentwickelt. Ich möchte damit noch den Begriff „Schock" oder Erschütterung assoziieren. Um in unserer von Bildern geprägten Medienkultur zu wirken, müssen bei dieser Erschütterung – über die Definition, die Walter Benjamin davon gibt, hinausgehend – die Begriffe Funktion – bzw. Aktion – und Bild miteinander kombiniert werden. In der Tat befindet sich die Architektur insofern in einer privilegierten Position, als sie die einzige Disziplin ist, die von Natur aus Vorstellung und Erfahrung, Raum und Nutzung, Struktur und Bild vereint. Philosophen schreiben. Mathematiker projektieren virtuelle Räume. Doch allein die Architekten sind Gefangene einer hybriden Kunst, für die das Bild durch die Nutzung und das Material vorgeschrieben ist.

Weit davon entfernt jedoch, sich durch ihre Unfähigkeit behindern zu lassen, ihre Strukturen und Fundamente in Frage zu stellen, wird die Architektur genau das Feld mit den wichtigsten Neuerungen des kommenden Jahrhunderts sein. Gerade die Heterogenität der Grundbestandteile der Architektur (Raum, Aktion und Bewegung) erhebt die Architektur als solche zum Ereignis, zum Ort der Konfrontation, zum Ort unserer eigenen Neufindung. Das Ereignis ist der Ort, von welchem aus es möglich ist, die Architektur zu überdenken und neu zu formulieren, so daß sie zur Abschaffung der zeitgenössischen sozialen Ungerechtigkeiten beitragen kann, die sie bisher selbst oft geschaffen oder verstärkt hat. Gezwungenermaßen stoßen im Ereignis die Unterschiede aufeinander und verändern sich.

„Lustschlößchen" im Park La Villette
Paris, Frankreich

Natürlich geschieht dies nicht, indem man die Vergangenheit nachahmt oder auf den Zierrat des 18. Jahrhunderts zurückgreift. Auch nicht, wenn man sich damit begnügt, die Umstürze und Unsicherheiten, die schwer auf unserer gegenwärtigen Situation lasten, der Form nach zu feiern. Ich halte es weder für möglich noch logisch, Gebäude zu entwerfen, die versuchen, die traditionellen Strukturen *formell* aufzubrechen, d.h., Strukturen, die bestimmte Formen als Mittelding zwischen abstrakter und gegenständlicher Darstellung, als Mittelding zwischen Struktur und Verzierung inszenieren; oder auch Strukturen, die aufgrund der ästhetischen Prinzipien abgehackt, zersprungen sind. Die Architektur ist keine gegenständliche Kunst. Sie illustriert keine Theorien.

Es ist hingegen vorstellbar, die Bedingungen für das Aufkommen jener neuen Gesellschaft ohne Hierarchien aufzustellen. Unter der Voraussetzung, daß sie das Wesen unseres von den Medien durchzogenen Zeitalters erfassen, besitzen die Architekten die Fähigkeit, neue Beziehungen zwischen den Räumen und den Ereignissen herzustellen.

Das Engagement der Architektur bezieht sich nicht auf die Bedingungen der Form, sondern auf die Ausarbeitung von Bedingungen, die die traditionellsten und rückschrittlichsten Aspekte unserer Gesellschaft auf den Kopf stellen, dabei gleichzeitig aber diese Elemente in einer freizügigen Sichtweise neu zusammenstellen – Bedingungen, unter welchen sich unsere Erfahrung verwandelt in eine Erfahrung von Ereignissen, die durch die Architektur organisiert und strategisiert wurden. „Strategie" ist ein Wort, das heute in der Architektur benutzt wird. Anstelle richtungsweisende Skizzen oder zweckbestimmte Pläne zu entwerfen, muß man die Bedingungen für eine neue Topographie schaffen. Dies ist also das Ziel der Bestrebungen unserer Städte. Und unsere Rolle als Architekten ist es, ihnen dabei behilflich zu sein, indem wir die fruchtbaren Kollisionen zwischen Ereignissen und Räumen intensivieren.

Tokio und New York sind nur dem Anschein nach chaotisch. In Wirklichkeit vermögen sie durchaus eine neue städtische Struktur zu schaffen, einen neuen Städtebau.

Die Konfrontationen und Kombinationen der Ereignisse, die sie herbeiführen, werden vielleicht das Ereignis, die Erschütterung provozieren, die – so hoffe ich – aus der Architektur das kritische Moment bei der Evolution unserer städtischen Kultur und unserer Gesellschaft machen wird.

BERNARD TSCHUMI

Atelier national d'Arts contemporains
(Werkstätte für zeitgenössische Kunst) in Tourcoing, Frankreich

Die Gesamtanlage möchte den Eindruck von Präzision und Rationalität in der Konzeption, von Abwechslung und Poesie in ihrer räumlichen Weite vermitteln. Das große Stahldach mit seinen Licht-"Wolken" schwebt über alten Ziegeldächern. Es wird zur neuen Bezugsebene (ein Kunst-Himmel). Dieses große Dach schafft nicht nur einen neuen poetischen Raum, die „Inter-Ebene", es kommt auch den klimatischen, energetischen und informatischen Bedürfnissen nach. Die Dimension und die Präsenz dieses horizontalen Raumes relativieren die Begriffe von innen und außen, die vom alten Gebäude angedeutet werden. Die „Inter-Ebene" wird zum Konzept, zum Konzept eines Kondensators von Forschungsfeldern zwischen Bildung, Schauspiel und Forschung, zwischen Kunst und Kino, zwischen Musik und Bild. Dieser multifunktionale Raum, der dazu bestimmt ist, das Ereignis (Kongresse, Konzerte, Sportveranstaltungen, Ausstellungen und Tausende von Besuchern) „abzudecken", wird zum neuen „städtischen" Raum des 21. Jahrhunderts werden.

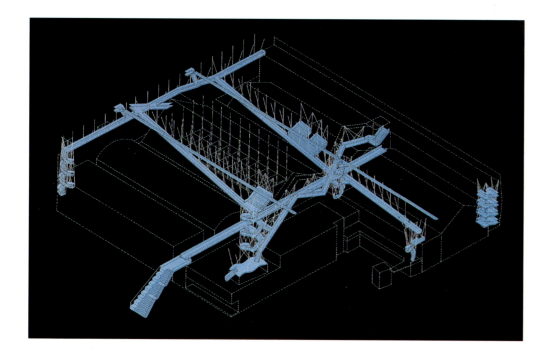

Atelier national d'Arts contemporains
Tourcoing, Frankreich
Axonometrie der Kreisläufe

Linke Seite
Oben
Modellansicht
Unten
Innenansicht
Synthesebild

39

SLOVENIA Zagreb HUNGARY VOJVODINA Timișoara
CROATIA Karadjordjevo ROMANIA
Bihać
BOSNIA AND
HERZEGOVINA
Maglaj Tuzla
Zenica Srebrenica
Fojnica Pale
Kiseljak Žepa SERBIA
Zadar Sarajevo Goražde
Mostar YUGOSLAVIA
BULGARIA
KOSOVO
Podgorica
Tabanovce
Skopje
Adriatic
Sea
ITALY MONTENEGRO
Tirana MACEDONIA

rebe   Bosnia accept
planti   into co
            said   the count
                          cy condit

LEBBEUS WOODS

New York, USA

Im oberflächlichen New York des Post-Modernismus um die Wende der 80er Jahre tauchte Lebbeus Woods als originale Gestalt auf: Seine Infragestellung der Architektur erfolgte durch die Integration von Zeit- und Verschleißfaktoren in das Projekt, bei einer realistischen, also pessimistischen Sichtweise des Bauwerks. Dieser dramatische Touch kennzeichnete Projektmanifeste, die noch vom expressionistischen Schicksal einer mechanistischen Welt an den Grenzen von Alien und der Science-fiction, eines alten, abgenutzten und dem Untergang geweihten Universums überschattet waren. Mit den 90er Jahren hat das Werk eine politische Wende eingeschlagen, die auf den serbo-bosnischen Konflikt zurückzuführen ist. Woods versetzt die Architektur in einen Kriegszustand.

Linke Seite
Die Mauer; Unabhängiger Staat Bosnien
Zeichnung

Krieg und Architektur; Unabhängiger Staat Bosnien
Essay

Die Architektur hat schon immer versucht, mit Hilfe der Definition einer analogen räumlichen Ordnung das beste, was eine Gesellschaft besitzt, in Normen zu fixieren – ihre Materialien und ihre Technologie, ihre intellektuellen und poetischen Produkte.

Die heutige Gesellschaft bietet uns ein reicheres, komplexeres und in vieler Hinsicht konfliktgeladeneres und paradoxeres Spektrum zur Auswahl, als all ihre Vorgänger. Verbunden, als logische Folge, mit der Forderung nach einer Architektur, die eine analoge und praktische Strukturierung des Raumes vorschlägt. Dennoch hat sich eine qualitative Veränderung in der historischen Mission der Architektur ergeben, eine Veränderung, die infolge der wachsenden Komplexität der sozialen Beziehungen und Wechselbeziehungen entstanden ist, aber auch durch den totalen Zusammenbruch jener Zeit, in der diese sozialen Austauschaktionen stattfinden. Fortan kann die Architektur sich nicht mehr damit zufriedengeben, die Ideen und Ereignisse zu verwerten oder auszudrücken – eine Aufgabe, die eine historische Distanz und eine Objektivität erfordert, die nicht mehr existieren. Der Architektur bleibt nichts anderes übrig, als am sozialen Wandel teilzunehmen, dynamischer und fließender zu werden, ja sogar mit mehr kinetischer Energie geladen zu sein, als in der Vergangenheit.

Bei den sozialen Institutionen bildet sich mehr und mehr eine Polarisation zwischen solchen, die Angebote darbieten, die sich an die Mehrheit richten, und solchen Institutionen, die sich dem widersetzen. Die hier vorgestellten Projekte unternehmen den Versuch, neue Modi für die räumliche Ordnung zu definieren, entsprechend den konfliktgeladenen und paradoxen Ideen und Ereignissen, von der die menschliche Gesellschaft weiterhin gekennzeichnet ist.

Die Mauer ist für einen belagerten Staat konzipiert, der von der Geschichte an die Peripherie der sich bekriegenden Mächte gerückt wird und von welchen er ausreichend geprägt ist, um ein multikulturelles Gesellschaftsmodell vorzuschlagen. Gleichzeitig schafft sie einen heterarchischen städtisch-architektonischen Ordnungstypus (d.h eine Ansammlung von Bestandteilen in kleinem Maßstab, die nicht zum Zusammenzusein konzipiert wurden) und bedient sich neuer Prinzipien für die räumliche Bauweise und Anordnung.

In der unabhängigen Zone von Zagreb sieht man, wie in den Straßen eines Staates, der gerade im Entstehen ist, eine Reihe von Strukturen entstehen, die einen Übergang zwischen dem zentralisierten sozialistischen Staat und einer offenen Gesellschaftsform schaffen wollen, welche noch definiert werden muß. Diese Strukturen besitzen weder eine vorherbestimmte Bedeutung noch Funktion. Dennoch begrenzen sie den Raum und versehen ihn mit einem bestimmten Potential, um ihn bewohnbar zu machen. Ihre unkartesianischen Formen vereiteln die Funktionen des üblichen Wohnungsbaus und laden dazu ein, neue zu erfinden. Diese Strukturen freier Räume sind beweglich: Sie laufen zu verschiedenen Punk-

Die Mauer; Unabhängiger Staat Bosnien
Zeichnung

Die Mauer im unabhängigen Staat Bosnien ist eine massive Struktur, die das Territorium eines Volkes verteidigt, das einer mittelalterlichen Aggression mit modernen Waffen ausgesetzt war. Sie funktioniert gemäß dem Prinzip der Absorption und der Transformation von Angriffen des Gegners zu Lande dank der Komplexität ihrer Bauweise. Sobald man in die Reihe von unzusammenhängenden und komplexen Räumen eingedrungen ist, die die Mauer bietet, wird es schwierig, wieder herauszukommen, und das Fehlen einer räumlichen Hierarchie lähmt jede Form von militärischer Massenaktion. Die Scharmützel erzeugen unausweichlich weniger feindliche Formen des Austauschs. Die Kämpfer und diejenigen, die sie verteidigen, errichten ganz allmählich ein komplexes städtisches Netz – eine Stadt – im Raum zwischen den Nationen, die sich im Konflikt befinden.

ten der Stadt entsprechend den Wünschen der Bewohner. Sie beinhalten eine leistungsstarke elektronische Instrumentierung, die sie mit anderen Freiräumen und anderen Plätzen in der Stadt und in der Welt in Verbindung setzt, und bilden so ein Nomadenortsnetz, das auf freiem und unvorhersehbarem Austausch zwischen disparaten Elementen begründet ist. Als Städte in der Stadt, als Freizonen entsprechen sie dem Hervortreten von Gemeinschaften in der heutigen Welt – Gemeinschaften, die auf der Prävalenz von persönlichen Entscheidungen und auf Verantwortung beruhen, und zwar über den Umweg von Austauschformen, die weder traditionell noch kontrolliert sind.

FRANÇOIS ROCHE
Paris, Frankreich

Das aktive Erleben der Punk-Bewegung und ein Aufenthalt als Einsiedler in der Wüste zählen zu den Etappen des originellen Lebens-Laufs von François Roche. Nachdem er 1987 sein Diplom erworben hatte, wurde Roche durch seine angriffslustigen Reden in der französischen Szene zu Beginn der 90er Jahre bekannt. Turbulent und polemisch, bringt er Blebung in einen verbürgerlichten und nach der Fertigstellung der „Grands Travaux" (= große Bauobjekte während der Präsidentschaft François Mitterrands) zur Erde zurückgekehrten Architektenkreis. Pragmatisch und ohne Rücksicht auf Regeln und Normen zugleich, die er als überholt und abwegig betrachtet, weist François Roche der Architektur wieder ihre soziale Rolle zu und fordert sie auf, Projekte in Angriff zu nehmen, die sicherlich weniger glorreich sind als die der bedeutenden Denkmäler des vorhergehenden Jahrzehnts. Für Roche ist es die Aufgabe der Architektur, die Herausforderungen anzunehmen, die Wohnraum und öffentlicher Raum in einer von sozialen Problemen zerfressenen Gesellschaft darstellen.

Der Schatten des Chamäleon
Essay

Ich kenne Menschen, welchen die Wahrheit bei der Geburt in die Wiege gelegt wurde. Ich selbst gehöre nicht dazu. Manche verfügen über ein Credo, eine Mission, eine Denkweise. Andere plagiieren sie aus einer Fälscherideologie heraus. Ich zähle weder zu den einen noch zu den anderen – ich interessiere mich für vielfältige, komplexe Wege, auf welchen sich die Architektur nicht mehr mit ihrer prinzenhaften Autonomie umhüllen wird, sondern sich endlich von Territorien nähren wird, die zu beherrschen für sie sinnvoll ist. Weit davon entfernt jedoch, als Sehender inmitten Blinder stolz zu sein, erachte ich die Fähigkeit des Sehens von geringem Wert, wenn sie nicht mit anderen geteilt wird.

Die Architekten haben bisher alle ohne Ausnahme die Herrschaft des Menschen über die Natur, der Stadt über das Ökosystem, der Fülle über die Leere verkörpert. Das Territorium war schließlich bestenfalls nicht mehr als ein Gegenstand, den man gefunden hat, schlimmstenfalls ein Alibi, der Gnade verpflichtet, und unser Metier scheint sich isoliert zu haben, egoistisch und auf den eigenen Nabel bezogen, beschränkt auf Stilübungen und Cliquenquerelen. Die Architektur, welcher die Utopien schon in die Wiege gelegt wurden, hat sich nie von ihrer perversen Schale befreit, die sie mit vom Fortschritt geprägten Prophezeihungen und einer besseren Zukunft umhüllt...

In einem System, das keine Sorgen kennt außer seinem eigenen Spiegelbild, gibt es nur wenige, die bezweifeln, daß die Architektur an diesem Punkt implodiert ist, es folglich sinnlos ist, sich an das zu klammern, was sie war oder sein müßte. Am Schnittpunkt von politischem Engagement, wirtschaftlichen, gebietsbezogenen und sozialen Spannungen, angestachelt durch ständig neue technologische und industrielle Veränderungen, ist die Architektur unwiederbringlich dazu verurteilt, in in alle Richtungen hin verzerrt und zerrissen zu werden. Und dennoch gibt es nichts, was rechtfertigen könnte, daß man bei einer derartigen Sachlage in der blinden Forderung nach dem allgemeinen Chaos eine eklektische Haltung einnimmt. Ganz im Gegenteil könnte dies zu ethisch-politischen Möglichkeiten führen,

Linke Seite:
Haus in den Bäumen
La Croix-Saint-Ouen, Frankreich

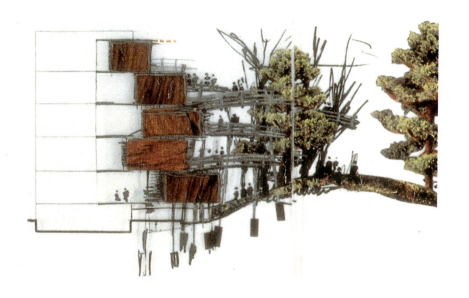

die den Prozessen einen neuen Sinn verleihen und der Vergeudung, der wir beiwohnen, umkehren würden:

Auf daß die Orte und Milieus zum Wesentlichen des Aktes werden.

Auf daß die Credos, auf daß die Individualismen verdreht, infiltriert und auf und gegen das eingesetzt werden, was sie gerade zu zerstören im Begriff waren.

Auf daß die Stileffekte, mit Sachkenntnis bis zum Überdruß wiederholt, in Reichweite der ehemaligen Ausgeglichenheit der Territorien sein mögen: gehorchend der Ordnung des Klimas, des Windes, der Abnutzung und der Jahreszeiten, der Fülle und der Leere, der Zeit und der Rohstoffe – auf nüchterne Art.

Auf daß wir letztendlich lernen, WENIGER daraus zu machen, um etwas DAMIT zu machen.

Wir müssen eine neue Architektur erfinden, die animistisch, sinnlich, primitiv, politisch ist, ein Antidot für die Verblendungen durch eine geschwätzige Moderne, zugleich optimistisch und scharfblickend angesichts der Feststellungen der Besorgnis über einen Planeten in Flammen; wir müssen eine neue Architektur erfinden, keineswegs, um wieder einen neuen Stil, eine neue Schule, eine neue Theorie mit hegemonischer Bestimmung aufzubringen, sondern um unter den Bedingungen der heutigen Zeit die Ur-Erklärung für unser Metier neu zu komponieren.

Die Landschaften, ob sie nun städtischer, peripherer, ursprünglicher oder durchpflügter Natur seien, besitzen topographische, affektive, klimatische Codes. Durch diese Orte und Milieus müssen wir wirken. Natürlich öffnen sie sich mit ihrer individuellen Struktur nur demjenigen, der sich die Zeit nimmt, dort zu verweilen, ja in manchen Fällen sogar, dort zu leben... Der „genetische Code der Territorialität" ist kein Rezept, das man abstempeln lassen kann, kein *politically correct*-Label für Yuppies, denen es an Ideologien fehlt, sondern ein Kontakt-Prozeß, der bei jeder Erfahrung neu geschaffen werden muß.

Sehen Sie jetzt nichts Bukolisches darin, nichts Nettes „öko-mäßiges", kein vegetabiles Alibi, den Samen in der Hand. Dieser Infiltrationsprozeß erfordert Interventionsmöglichkeiten, die dem Maße der übernommenen Territorien entsprechen, ebenso wie einer Sanierung unserer Existenzberechtigung.

Dieses Plaidoyer für eine Architektur der Zeit und der Abnutzung, der Sinne und des Sinns, die zugleich mensch- und territoriumbezogen ist, besäße keine Materie, wenn wir es nicht mit neuen Kompetenzen füllen könnten, die zwischen der Kartographie, der Geologie, der vernunftgelenkten Anerkennung der Vorgänger und der Evolution von Technologien liegen, so daß wir nichts aus dieser aufgewärmten und sterilen Küche der Akademien auf den Tisch bringen – seien diese auch noch so zeitgenössisch –, sondern Gerichte mit frischem Obst und Gemüse, frischem Fleisch und Fisch, also eine Architektur auf der Schneide der Kunst – und der Geschichte – dieses Jahrhunderts.

Mit einer photosensiblen Verpackung vor der nächsten Nähe, mit einer Neuprägung ihrer ersten Funktion würde sie so ihre „Bestimmung" für die Isolierung begrenzen, um sich den Variationen der Klimata, der Atmosphären, der Topographien und der Abnutzungen in einem transformistischen Plädoyer zu beugen.

Lanzinierend ist diese Notwendigkeit, sich nahe an das zu halten, was uns den Sinn für Verantwortung wiedergeben würde hinsichtlich unseres eigenen Überlebens und in einem Gefühl von Verschmelzung mit den Elementen. Die aristotelische Welt der äußeren Erscheinungen, der Artefakte – wird sie schließlich nicht auch genauso wertvoll sein wie die der Ideen und Konzepte? Es wird uns schon genügen, allein mit diesem Realen fertig zu werden, das unser einziges Schutzdach bleibt in einer Fürbitte zwischen unseren eigenen Wünschen und dem, was sie beherrschen sollten.

Linke Seite
Sanierung des Gebäudes Nr. 48
Sarcelles, Frankreich

Oben
Querschnitt
Unten
Blick auf das Deck

Nebenstehend
Ansicht

2. GLANZLEISTUNGEN

„Meine Intelligenz liegt etwas unter dem Durchschnitt; doch ich bin gut informiert"
R. Buckminster Fuller

Seit Beginn der industriellen Revolution haben die Technik und die Wissenschaft bei den Erbauern eine zunehmende Rolle gespielt. Vom Crystal Palace* zum Eiffelturm, vom Wolkenkratzer zur geodätischen Kuppel ist die Architektur bestrebt, Zwänge der Materie und der Schwerkraft zu überwinden, indem sie immer feinere Strukturen, immer größere Spannweiten, immer leistungsfähigere Materialien einsetzte. Dieses objektive Bündnis mit den Ingenieuren und dieses Erstreben einer größtmöglichen Wirkung hatten einen Puritanismus der Form ausgelöst, wobei diese Form als Folge ihrer Zwänge betrachtet wurde – neutralisiert und kalt: die Schönheit der Effizienz.

Dennoch war es durchaus nötig, sich darüber im klaren zu werden, daß derartige zugleich rigorose Schritte andersartige Werke hervorbrachten, und daß die Technik Formen hervorzubringen vermochte, die es zu enthüllen galt.

Niemand bezweifelt hier, daß das LEM der NASA, das 1969 auf dem Mond landete, für die Puristen einen echten Schock dargestellt hat: Die fortschrittlichste Technologie konnte einen derart hirsuten Gegenstand hervorbringen?

Die folgenden Projekte sollen aufzeigen – falls dies noch erforderlich sein sollte – daß High-Tech und ihr halsstarriges Streben nach technischer Innovation und Glanzleistungen mit Phantasie durchaus kompatibel sind. ■

Linke Seite
Turm von Colcerola
Barcelona, Spanien
Sir Norman Foster

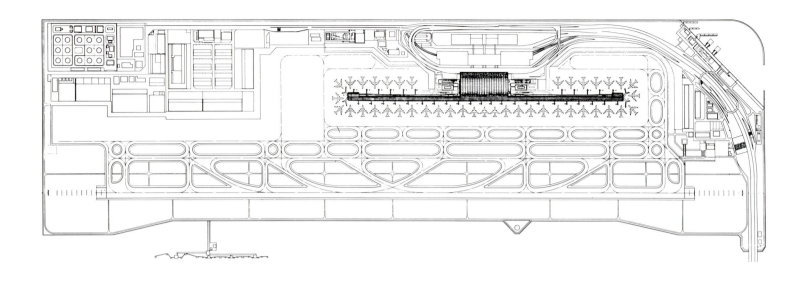

RENZO PIANO

Genua, Italien
Paris, Frankreich

Renzo Piano reiht sich in die Tradition der bauleitenden Architekten ein, für die der Vorrang des Materials und seine Verwendung über die geduldige und erstklassige Suche nach der besten Lösung zur gestellten Frage führen. Woraus eine konstante und „handwerksgemäße" Erfindung seiner Architektur resultiert. Vom Centre Pompidou in Paris (1971–1977), das ihn berühmt gemacht hat, bis hin zu seinen Stadtviertel-Laboratorien für die Sanierung alter Gebäude, von seinem Prototyp eines Autos für Fiat bis hin zu seinen Passagierschiffen für einen kalifornischen Reeder beschreibt Renzo Piano einen Weg, auf dem der diskrete Perfektionismus des „Metiers" der Vorrang gegeben wird und nicht der spektakulären Architektur.

Terminal des internationalen Flughafens von Kansai, Japan

Der japanische Flughafen von Kansai liegt auf einer künstlichen Insel mit einer Fläche von 4.370 m x 1.250 m, 5 km von der Küste in der Bucht von Osaka entfernt, um die Küstengegend zu schonen und um die Ursachen für Umweltverschmutzung und auch die Proteste der Umweltschützer zu umgehen.

Es ist ein enthusiastischer Renzo Piano, der bei diesem Wettbewerb den ersten Preis für folgendes einzigartiges Abenteuer gewonnen hat: Die Idee, den Übergang herbeizuführen zwischen dem Zauber einer Reise, die auf einer Insel endet, mit Hilfe einer sanften Überfahrt zwischen Natur und technischer Effizienz, hat sich durch zwei natürliche und begrünte „Täler" konkretisiert, die einerseits die Landebahn vom Terminal und andererseits das Terminal von den Straßen trennt, die zur Stadt führen – zwei Echos der Ausgeglichenheit der Bucht und ihrer Inseln.

Die Form des Terminals wurde von der Dynamik der Luftströme inspiriert. Neue Analysemethoden per Computer, die es ermöglichen, die Luftströme optisch darzustellen, haben die Struktur flexibler gestaltet und als Basis für die Schaffung neuer, unregelmäßiger Formen mit komplexen Bewegungen gedient. Die fließenden Kurven des Terminals besitzen gewisse Analogien zu denen eines Flugzeuges.

Keine Fassade im herkömmlichen Sinn des Wortes, sondern eine sanfte Integration der Erde und der Architektur. Die innere Anordnung und die Bordbrücken sind so konzipiert, daß sie ihre Transparenz bewahren und die Passagiere in Kontakt mit der Realität der Landebahnen und der Maschinen bringen. Der Charakter des Gebäudes ergibt sich aus einem Gleichgewicht zwischen Natur und Technik, dem das Ende dieses Jahrhunderts entgegenzustreben scheint.

Linke Seite
Internationaler Flughafen von Kansai
Japan

Oben
Lageplan
Unten
Insel aus der Vogelperspektive

Internationaler Flughafen von Kansai
Japan
Computeranalyse der Luftströme, die zur Form des Daches inspirierten

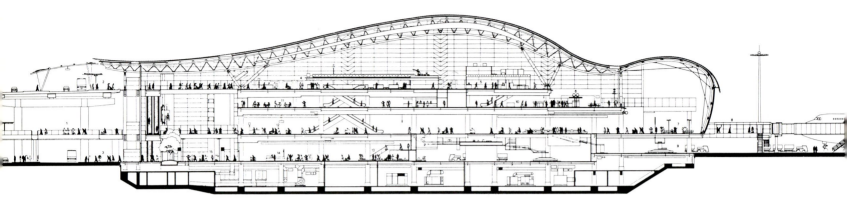

Internationaler Flughafen von Kansai
Japan

Oben
Querschnitt des Terminals
Unten links
Das Terminal, von der Landebahn aus betrachtet
Unten rechts
Innenansicht

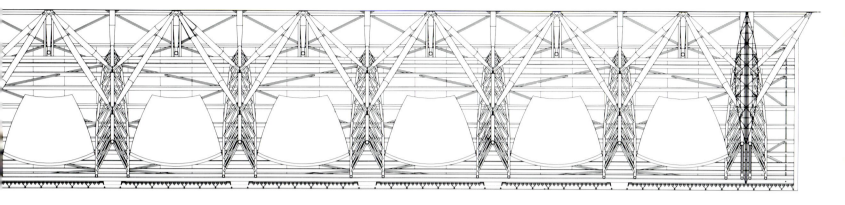

Oben
Axonometrie der Struktur
Unten
Ansicht einer Gepäckaufgabezone

Folgende Seiten
Das Terminal bei Nacht

NICHOLAS GRIMSHAW

London, Großbritannien

Nach seinem Architekturstudium in Edinburgh erwirbt Nicholas Grimshaw, herausragender Schüler der Architectural Association von London, 1965 sein Diplom. Er arbeitet zunächst mit Terry Farrell, trennt sich dann von ihm, als letzterer sich der Post-Moderne zuwendet.

So besitzt Grimshaw einen unerschütterlichen Willen, die Ressourcen der industriellen Produktion zu erkunden und daraus „richtige" Gebäude herzuleiten, einen Willen, der seinem Oeuvre eine gewisse Zurückhaltung verleiht. Um so mehr, als er sein Talent oft im Bereich der Arbeit eingesetzt hat (Fabrik von Vitra in Weil am Rhein, der Sitz der Financial Times): Seine Berücksichtigung des „menschlichen" Aspekts seiner Bauwerke ist zweifellos ihrer gemäßigten technischen Ausführung nicht fremd. In Waterloo Station jedoch nimmt die monumentale Struktur, die nach außen gesetzt wurde, und die durch die Krümmung der Gleise in eine andere Richtung gebracht wird, eine spektakuläre Wendung. Was das Projekt der Berliner Börse betrifft, scheint er mit seinem städtischen Maßstab eine neue Problematik von Architektur und Objekt in Angriff zu nehmen.

Berliner Börse
Deutschland
Luftansicht des Modells

Linke Seite
Computeransicht

Berliner Börse

Das Projekt Ludwig Erhard Haus, ein Gebäude, das als Börse und Kommunikationszentrum von Berlin dienen soll und dessen Vollendung für 1997 vorgesehen ist, entspricht drei Zielsetzungen: einer städtischen mit der Ablehnung eines sehr hohen Gebäudes, das sich stattdessen bis an die unregelmäßigen Grenzen des Grundstücks erstrecken soll; dem Wunsch, einen engen Bezug zwischen dem „Innenleben" des Ortes und dem der Stadt herzustellen; schließlich dem Bestreben, die öffentlichen Funktionen entlang einer inneren, leicht gebogenen „Straße" anzuordnen.

Über diese grundlegenden Prinzipien hinaus zielte man noch einen geringen Energieverbrauch, gemäßigte Unterhaltungskosten und sehr niedrige Luftverschmutzungswerte an.

Die Büros der oberen Stockwerke sind um zwei Atrien mit drei unbeheizten Seiten herum angeordnet, die das Kontinentalklima von Berlin ausgleichen und natürliches Licht bis ins Innerste des Gebäudes einfallen lassen. Die Atrien und die im Innern verlaufenden Wege stellen spektakuläre Perspektiven dar.

Internationaler Sackbahnhof Waterloo, London

Der internationale Sackbahnhof von Waterloo erfüllt mit einem Flughafen vergleichbare Funktionen, denn er umfaßt den größten Teil entsprechender Dienstleistungen und Einrichtungen. Nichtsdestoweniger bleibt er ein Bahnhof, ein heroisches Bauwerk in einer städtischen Lage voller Zwänge, knapp zehn Minuten vom Trafalgar Square entfernt und über eine Taxihaltestelle 15 Meter vom Zugang zu den Gleisen verfügend. Damit sich dieser Sackbahnhof als erstes Monument eines neuen Bahnzeitalters behaupten konnte, mußte er mit einer starken Identität ausgestattet werden.

Internationaler Sackbahnhof
Waterloo Station
London, Großbritannien

Oben
Querschnitt
Unten
Innenansicht

Rechte Seite
Ansicht der Überdachung

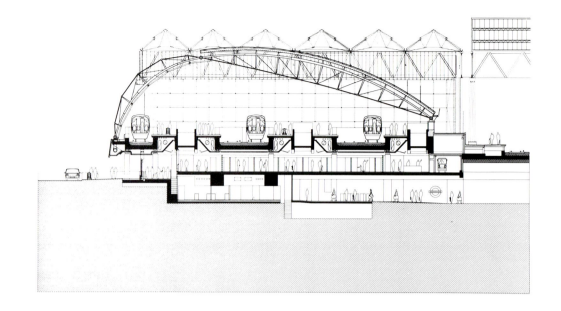

Nach dem Beispiel bemerkenswerter Bahnhöfe des 19. Jahrhunderts verkörpert das Dach die besondere technische Leistung und Attraktion. Mit einer Länge von 400 Metern wurde es schmal, gebogen und spitz angelegt; sein Plan wird von der topographischen Lage und der Anordnung der Gleise bestimmt. Sein bizarres Aussehen – die Asymmetrie der Formen – besitzt nichts Kokettes: es korrespondiert zum Verlauf eines Gleises, das der Westgrenze des Grundstücks entlangläuft und der Struktur diese Krümmung auferlegt, um der Höhe eines Zuges genügend Platz einzuräumen. Man nähert sich diesem Sackbahnhof durch jene Fensterfassade, die von der Außenstruktur unterstrichen wird, so daß sich den Passagieren bei ihrer Ankunft gleich Westminster Abbey und die Themse bieten.

SIR NORMAN FOSTER

London, Großbritannien

Im Laufe von zwei Jahrzehnten hat Sir Norman Foster die architektonische Landschaft mit einigen Highlights von Werken markiert: Die gutausgestattete Flugzeughalle der Sammlung Sainsbury, das Renault-Zentrum von Swindon, beide in Großbritannien, und das Hochhaus der Bank von Shanghai in Hong Kong zählen zu den Meisterwerken dieses ausgehenden Jahrhunderts. Von den sogenannten „High-Tech"-Architekten ist Sir Norman zweifellos am unverfälschtesten und derjenige, der von seinem Glauben an den technischen Fortschritt den eloquentesten Gebrauch gemacht hat. Er hat mit den besten Ingenieuren zusammengearbeitet – und tut dies auch heute noch: Buckminster Fuller, Jean Prouvé, Tony Fitzpatrick. Seine Bauwerke, die feine Strukturen und subtile Artikulationen zur Schau tragen, zeigen Tendenz, weitläufige und helle Räume zu öffnen, die in ihrem formalen Ausdruck zurückhaltend sind: eine puritanische Ästhetik, die dem Zen – jenem des Bogenschießens *und* der Pflege von Motorrädern (s. Robert M. Pirsig, *Zen and the art of motorcycle maintenance*) – zu verdanken ist.

Telekommunikationsturm, Barcelona, Spanien

Als Zeitgenössin der olympischen Spiele kennzeichnet die Torre de Collserola den Willen Barcelonas, mit Hilfe eines „monumentalen technischen Elementes" schnurstracks in die Moderne überzutreten. Als Sender und Relais für Kommunikation erhebt sich der Turm 288 Meter über dem Erdboden und 440 Meter über dem Meeresspiegel. Mit seiner der Öffentlichkeit zugänglichen Galerie und seinem gläsernen Lift dominiert er durch seine charakteristische Silhouette die Stadt und die Bucht.

Der Reichstag, Neues deutsches Parlament, Berlin

Inmitten des polemischen Streits zwischen seinem Architekten Wallot und dem Reichskanzler Bismarck konzipiert und erbaut, hat der Reichstag ein bewegtes Schicksal hinter sich: 1933 fiel er einem Brandanschlag zum Opfer und blieb anschließend bis in die 60er Jahre ungenutzt. Dann wurde er von Paul Baumgarten* zwecks sporadischer Nutzung saniert.

Die Wiedervereinigung Deutschlands und die Verlagerung des Bundestages von Bonn nach Berlin ist Auslöser für den Wettbewerb um die Wiederinstandsetzung des Reichstages. Sir Norman Foster and Partners gewinnt ihn mit einem zugleich monumentalen und subtilen Projekt. Der Originalbau wird mit einer lichtdurchlässigen Bedachung überspannt, die um das Gebäude herum einen Vorhof schafft; der erhöhte Vorhof erlaubt den direkten Zugang zum 1. Stock. Der Sitzungssaal ist kreisförmig und zur Hälfte unterirdisch.

Das Projekt wurde beträchtlich abgeändert, indem man zugunsten der Restauration der Kuppel, die Wallot einst viel Kummer bereitete, auf die Bedachung verzichtete. Sir Norman schlägt dafür mehrere verschiedene Versionen vor. Vom Erfolg dieses Unternehmens hängt die Zukunft dieses sehr bedeutenden und symbolischen Gebäudes des neuen Berlin ab.

Linke Seite
Turm von Colcerola
Barcelona, Spanien

Seite 62
Renovierung des Reichstagsgebäudes
Berlin, Deutschland

Oben
Preisgekröntes Projekt des Wettbewerbs: ein weitläufiges Dach bedeckt das Gebäude und ragt im Norden bis an die Spree.
Mitte
Zweites Projekt: das Dach wurde reduziert und bedeckt jetzt nur noch die zentrale Fläche.
Unten
Drittes Projekt: Das Halbrund ist mit einer Glaskuppel bedeckt.

Seite 63
Renovierung des Reichstagsgebäudes
Berlin, Deutschland

Links
Kuppel des Originalgebäudes
Mitte und rechts
Zwei Varianten der neuen Kuppel
Unten
Das Parlament bei Nacht (Fotomontage)

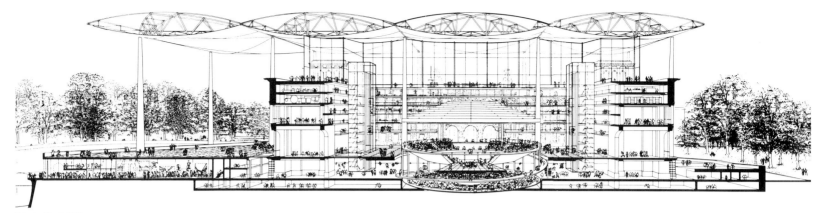
Schnitt Nord-Süd

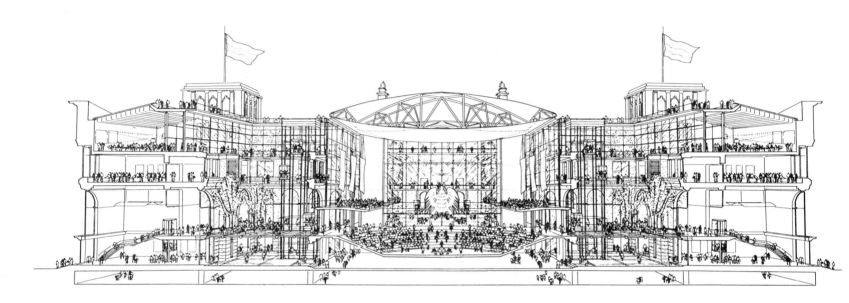

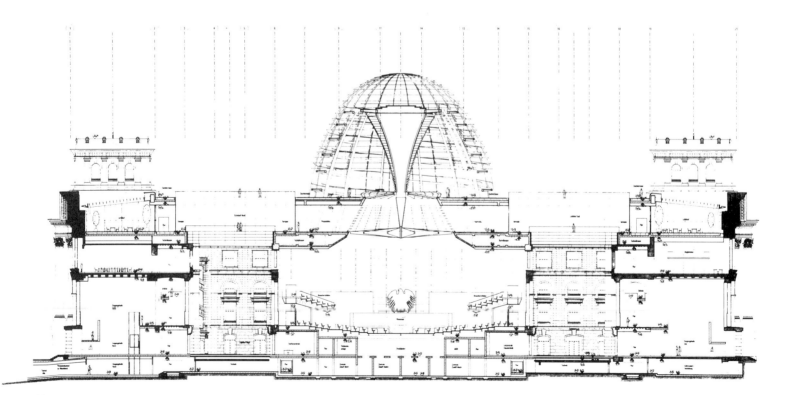
Schnitt CC

SIR NORMAN FOSTER

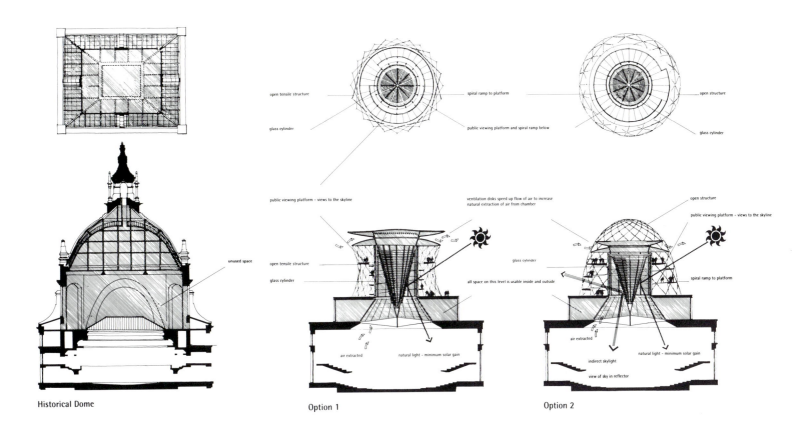

Historical Dome

Option 1

Option 2

ALSOP UND STÖRMER

London, Großbritannien

In britischen Kreisen ausgebildet, über denen noch die Schatten von Archigram* und der quasi mystischen Gestalt von Cedric Price* schwebten, ist William Alsop zu Beginn der 80er Jahre durch Projekte eines bizarren High-Tech bekanntgeworden, dem ein expressionistischer Touch mit bunter Phantasie hinzugefügt wurde. Alsop versucht, in seinen Bauwerken die Strenge der Technik und eine Ausdruckskraft der bildenden Kunst in Einklang zu bringen. Alsop „malt" seine Pläne, bevor er eine architektonische Skizze abgibt. Seine durchgeführten Projekte in Hamburg oder in Marseille kennzeichnen die städtische Landschaft mit ihrer wirkungsstarken, dynamischen und farbigen Präsenz.

Der Deich von Cardiff, die Bucht von Cardiff, Großbritannien

Für den Deich von Cardiff kombinieren Alsop & Strömer Architektur und Landschaftsbau, um etwas zu schaffen, was nichts weiter darstellen soll, als einen nützlichen Kunstbau bürgerlichen Engineerings – einen Bau der Kunst – eine Art „gigantisches Kunstwerk". Der Deich umfaßt eine neue Straße, über welche man das Zentrum von Cardiff erreichen kann, indem man die Kaistraßen der viktorianischen Vorstadt von Penarth benutzt. Die Struktur stellt eine bogenförmige Krümmung durch das Tal dar. Eine Reihe von architektonischen „events" bietet sich dem Benutzer, ob er zu Fuß unterwegs ist oder in ein Verkehrsmittel steigt: buntschillernde Strukturelemente, Baumgruppen mit speziell ausgewählter Bepflanzung, Picknickplätze, Molen zum Angeln und sogar eine künstliche Insel an der Festlandseite. Hier geht es darum, eine spektakuläre Architektur zu schaffen, die die gesamte Öffentlichkeit anzusprechen vermag, und einen Ort mit starker Anziehungskraft sowohl für die Touristen als auch für die Anwohner.

Le Grand Bleu, Marseille, Frankreich

Le Grand Bleu ist der Sitz der Kreisratsversammlung des Departements Bouches-du-Rhone. Die Schlichtheit des Aufbaus – zwei rechtwinklige Abschnitte, Verwaltungsblocks und ein Versammlungsraum in Form einer Zigarre, alles mit Brücken oder Hängebrücken untereinander verbunden – bereitet eine Fülle von Überraschungen und räumlichen Erfahrungen. Angestellte und Benutzer erreichen die Atrien über Hängebrücken, von welchen aus sie den Himmel über dem Dach – so blau, so ruhig – entdecken sowie die Aktivität, die in der weitläufigen Halle herrscht. Die Materialien sind schlicht (Beton, Glas, Holz und Stahl), die Ausdrucksweise zoomorph, was dem Bauwerk eine erstaunliche Präsenz verleiht.

Linke Seite
Oben
Deich von Cardiff
Bucht von Cardiff, Großbritannien
Luftansicht des Modells
Unten
Besucherpavillon

ALSOP & STÖRMER

Le Grand Bleu, Sitz des Regionalrats
(Conseil Régional)
von Bouches-du-Rhone
Marseille, Frankreich

Linke Seite
Atrium und die Stegbrücken

Oben
Querschnitt
Unten
Gesamtansicht

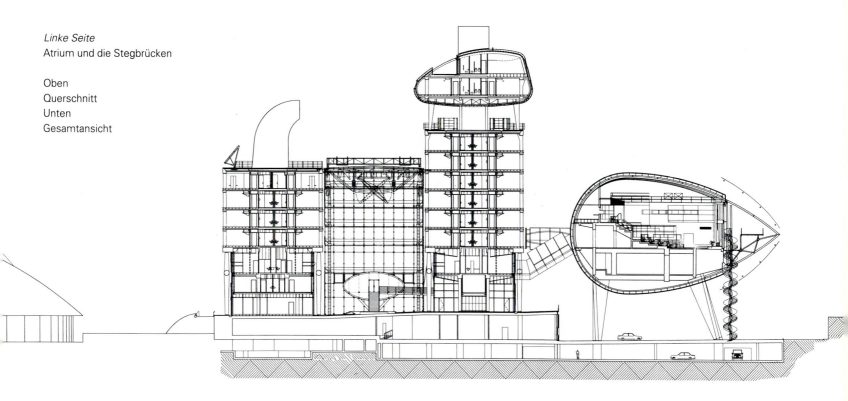

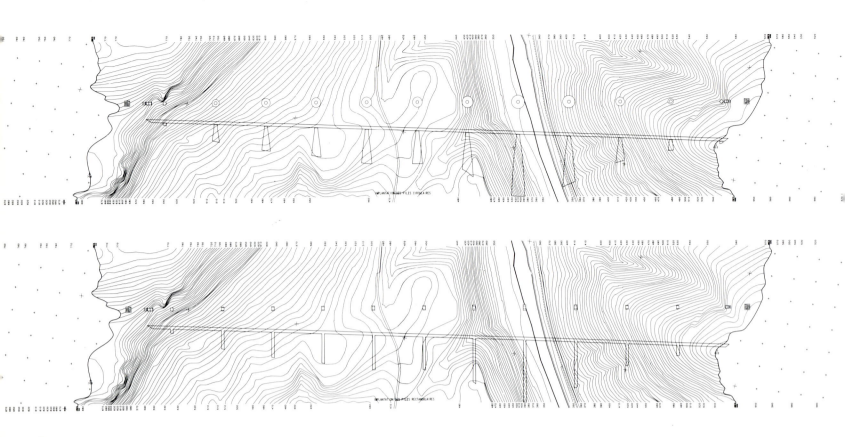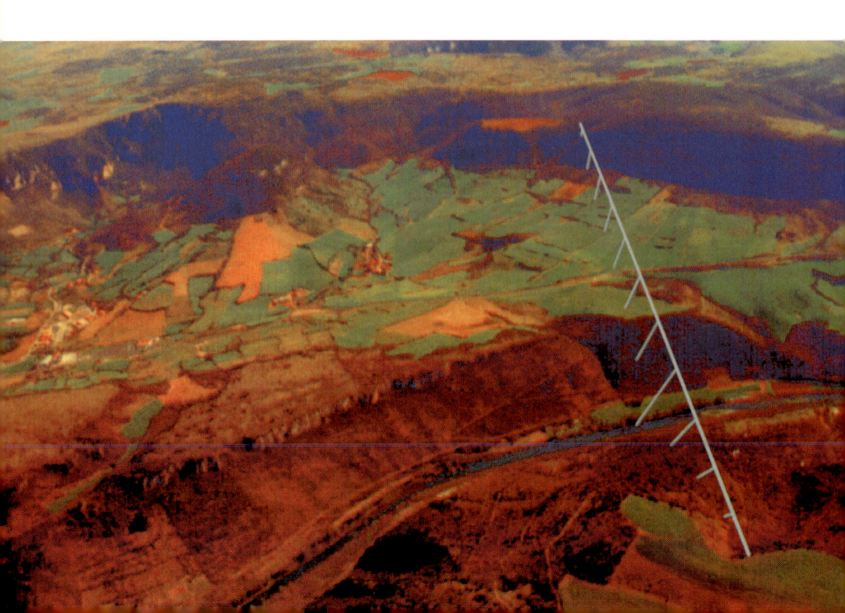

JACQUES HONDELATTE

Bordeaux, Frankreich

Jacques Hondelatte nimmt in der architektonischen Landschaft Frankreichs eine Sonderstellung ein. Nach Abschluß seines Studiums warf er seinen Anker in Bordeaux – einer Stadt, die nach dem Krieg über eine Generation bemerkenswerter modernistischer Architekten verfügte. Er machte durch seine Pläne und außergwöhnlichen Bauausführungen auf sich aufmerksam (ein 70 Meter langes Haus, ein Foyer für Studenten, bei dem innen und außen viel Hochglanzmetall verwendet wurde), die aus einem originellen Ansatz entstanden, bei dem Traumgebilde und Diskurse mehr zählen als die Zeichnung („Ich zeichne erst, wenn das Projekt fertiggestellt ist", sagt er).

Ein freier und eigenwilliger Weg, bei dem weder die Vernunft noch die technische Neuerung ausgeschlossen sind. Diese Vision mit der Tendenz, die traditionellen Grenzen des Planes aufzulösen, hat die waghalsige Lösung für das Viadukt von Millau beeinflußt, das aus dem unwahrscheinlichen Zusammentreffen der beiden Morandi (dem Maler und dem berühmten Ingenieur) entsprungen zu sein scheint.

Talbrücke über den Tarn, Aveyron, Frankreich

Um das Tal des Tarn zu überqueren und das Kalkplateau Rouge im Norden mit dem Larzac im Süden zu verbinden, entschied man sich für ein teilweise sehr hohes Viadukt, das wirtschaftlich und effizient ist, aber auch der Landschaft allzu einschneidende Flächeneinbußen zugunsten des Straßenbaus erspart.

Es kann keine Rede davon sein, einen solchen Kunstbau verbergen zu wollen, der 2.600 Meter lang sein und sich etwa 270 Meter über dem Wasserspiegel des Flusses erheben wird. Es handelt sich folglich um einen echten Kunstbau, und seine Präsenz in der Landschaft ist ein großes Unterfangen. Jacques Hondelatte hat dies berücksichtigt und die verschiedenen Möglichkeiten sorgfältig untersucht, wobei er zuallererst diejenigen Lösungen verwarf, bei welchen Brückenpfeiler und Verspannungsstreben erforderlich waren (womit das Modell zur Golden Gate Bridge von San Franzisko geworden wäre). Auch lehnte er es ab, dort ein Monument des letzten Schreis der Moderne – eine brillante technische und weithin sichtbare Stilübung – zu errichten.

Er entschied sich für ein „schlichtes, einzigartiges und gleichmäßiges" Kunstwerk mit gleichmäßigem Brückenfeld und gleichbleibender Trägerhöhe, wobei als grundsätzliche Option die beiden Fahrtrichtungen in einem besonders starken hohlen Träger aus Beton oder Stahl übereinanderliegen. Er denkt „eventuell" noch an eine Analogie der Dimensionen der Fahrbahn zu den Maßen der Brückenpfeiler, um die verschiedenen Teile des Kunstbaus eng miteinander zu verbinden, anstatt sie zu differenzieren.

Die bedeutenden Kräfte, die der Wind auf dieses Kunstwerk ausüben wird, haben dazu geführt, daß man sich für die anfangs stark befürwortete Lösung mit schmalen rechteckigen Säulenschäften entschied. Eine eingehende Betrachtung runder Bauten (Silos, Funktürme) hat zu einer Variante mit Brückenpfeilern mit rundem Schnitt und schlichtem Sockel inspiriert, zu leichten Kegeln, gigantischen Flacons, die mit dem Relief der benachbarten Kalkplateaus des Massif Central harmonieren.

Linke Seite
Tarn-Viadukt
Aveyron, Frankreich

Oben
Zwei Varianten der tragenden Konstruktion. Eine mit runden, die andere mit rechtwinkligen Säulenschäften.
Unten
Luftansicht (Fotomontage)

Folgende Seiten
Luftansicht der Talbrücke (Fotomontage)

3. SPRENGEN DER FORM

„… und denk' daran, daß die Leute besondere Vorlieben haben"
Lou Reed

In den Abhandlungen und Rezepten der „alten Architektur" konnte die heroische Moderne die Illusion hegen, daß sie einen neuen Korpus von Archetypen (die „fünf Punkte" von Le Corbusier, die die Säule, den Frontgiebel und das Hauptgesims abgelöst haben) als Ersatz bieten könne.

Die Befreiung der Architekturformen, die man seit mehr als 20 Jahren feststellen kann, steht im Gegensatz zu dieser Hypothese. Es gibt für diese Befreiung mehrere mögliche Ursprünge: Abnutzung traditioneller Symbole, Fortschritt der Konstruktionstechniken, Erforschung der Formen durch die Künstler, was Gebiete ohnegleichen eröffnet… Die Offenbarung einer komplexen Welt, vollzogen durch eine wachsende Zirkulation von Bildern, wird auch an der Bewußtwerdung einer Vielfalt von Kulturen teilhaben, die sich in der Bestätigung der Identitäten und der Unterschiede in diesen Kulturen ausdrückt.

Nachdem der Architekt die alten Fragen der Solidität und der Bequemlichkeit gelöst hatte, war er frei und in der Lage, ihnen Ausdruck zu verleihen; nicht etwa frei, um eine Sprache wiederzufinden, die das enthält, was er als Vokabular und Syntax, kodifiziert und festgelegt, verstehen würde, sondern eine Plastizität. Die Architektur nimmt die Aufhebung der Schwerkraft im doppelten Sinne dieses Terminus auf sich.

Die folgenden Seiten illustrieren die Fülle der Formen, ob als Echo gewisser Avantgarde-Entwicklungen oder ob aus einem unwahrscheinlichen Anderswo entstanden, wahre UFOs, „objets célibataires", Waisenkinder, vielleicht ohne Nachkommenschaft. ∎

Linke Seite
Gebäude der ING Groep
Prag, Tschechien
Frank O. Gehry

Modellansichten
Das Gebäude aus dem Blickwinkel eines angrenzenden öffentlichen Parks: der dem Fluß gegenüberliegende Sitz der ING Groep. Das Gebäude gliedert sich in zwei Türme, die den Übergang von einer Straße zur nächsten schaffen, und stellt mit dem städtischen Kontext einen „Skulptur-Dialog" her. Die Öffnungen der Fassade gehen auf die Kais und erbringen einen synkopischen Rhythmus, um mit den benachbarten Gebäuden zu kongruieren.

CHRISTIAN DE PORTZAMPARC

Paris, Frankreich

Aus der 68er Generation hervorgegangen, im heftigen Bruch mit den Schönen Künsten, hat sich Christian de Portzamparc zunächst als Verfechter für eine „Rückkehr in die Stadt" und eine Wiedereinbeziehung des Modernismus in seiner dogmatischen Form durchgesetzt. Seine „Hautes Formes", ein Ensemble von Wohnblöcken in Paris, haben ihm seinen ersten Ruhm eingebracht. Seine Bauausführungen um die Wende der 80er Jahre zeugten von einem etwas rigiden Formalismus, von dem er sich in seinen Werken der reiferen Jahre lösen konnte: Der Komplex des Musikzentrums in La Villette und das Hotel direkt gegenüber, Porte de Pantin, Paris, zeugen von seinem Engagement im Hinblick auf urbanes Bauen schöner formaler Freiheit und der Beherrschung sowohl der Mittel als auch der Ästhetik.

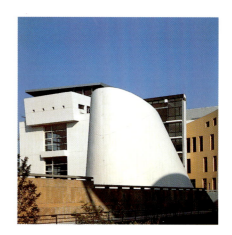

Cité de la Musique
Park La Villette, Paris, Frankreich

Cité de la Musique (Musikcenter) Park La Villette, Paris, Frankreich

Die Cité de la Musique ist eine „Suite" im musikalischen Sinn, eine Sequenz von Wegen und Orten, die man in der Bewegung entdeckt. „In der Architektur wie in der Musik nimmt man die Dinge in Zeitsequenzen, in der Dauer wahr. Ich messe der Tatsache, daß die Architektur Lust auf Bewegung auslöst, viel bei: man geht von einem Ort zum nächsten, weil man Lust hat, etwas zu entdecken", sind die Worte des Architekten hierzu. Der Saal erlaubt vielfältige Beziehungen zwischen Publikum und Musikern und eine Optimierung des Raumes, der für verschiedene musikalische Genres geeignet ist: für Sinfonien, Kammermusik, Rezitale. Die Farbe, die im gesamten Zentrum präsent ist, ist ein wesentliches Thema des Saales: bei den akustischen Nischen beispielsweise, in welchen eine Beleuchtung mit den drei Kardinalfarben vorgesehen wurde, die man dank eines Informatikprogramms unbegrenzt variieren kann. Der Saal kann so alle Farben des Spektrums annehmen, und diese wechselnde Kolorierung kann in Sequenzen „gespielt" werden.

Linke Seite
Wohnkomplex in Fukuoka
Japan

Folgende Seiten
Cité de la Musique
Park La Villette, Paris, Frankreich

Oben
Gesamtansicht Park La Villette
Unten
Auditorium

Der Turm des Crédit Lyonnais, Lille, Frankreich

Das Design des Turmes des Crédit Lyonnais ist die exakte Lösung einer Gleichung mit mehreren Unbekannten: zu einem vorgegebenen Budget eine 50 m lange Brücke zum TGV-Bahnhof zu schaffen; an einem Punkt mindestens 120 m in die Höhe zu gehen und dennoch eine Fläche von 15.000 qm nicht zu überschreiten; das Gebäudes zum Süden der Stadt auszurichten; und schließlich dem Ganzen Form zu geben.

CHRISTIAN DE PORTZAMPARC

Erweiterung des Kongreßpalastes, Paris, Frankreich

Die Erweiterung des Kongreßpalastes in Paris bedeutet ein doppeltes Unterfangen: Verbesserung der Funktionen und Leistungen des bestehenden Gebäudes und Verbesserung der urbanen Qualität des Ortes. Der neue Anblick des Kongreßpalastes muß in der Geschwindigkeit eines vorbeifahrenden Fahrzeugs wahrnehmbar sein: also klar, schlicht, zunächst direkt, dann subtil. Er muß auch eine große Fläche für Ankündigungen bieten, die derart beschaffen sein muß, daß die bevorstehenden Veranstaltungen auf den ersten Blick wahrgenommen werden können.

Kulturkomplex des Unternehmens Bandai, Tokio, Japan

Der Kulturkomplex des Unternehmens Bandai in Tokio ist als Empfänger und Sender von Licht konzipiert. Am Tag verleiht das subtile Spiel der Lichtveränderungen und der skulpturähnlichen Flächen dem Gebäude eine ganz besondere Ausstrahlung, die von der Anfahrtstraße aus wahrnehmbar ist. Nachts erhält das Bauwerk durch das vorprogrammierte farbige Wechselspiel des Lichts eine mysteriöse „Note".

Linke Seite
Turm des Crédit Lyonnais
Lille, Frankreich

Die Ausrichtung der Obergeschosse verläuft aufgrund einer fortschreitenden Verformung des Turmes fortlaufend von Nord-Süd in Ost-West-Richtung.

Kulturkomplex der Gesellschaft Bandai
Tokio, Japan
Modellansicht

Links
Erweiterung des Kongreßpalastes
Paris, Frankreich

Durch die abgeschrägte Form wird die große Öffnung und somit ein besonders helles Foyer erlangt, das durch die Schräge ein Schutzdach erhält. Eine Horizontalebene durchschneidet die Schräge: eine lange Schiene, auf welcher die Ankündigungen bekanntgegeben werden (es handelt sich um einen riesigen Text- und Bildträger).

KIYOSHI SEY TAKEYAMA
Osaka, Japan

Die Architektur von Kiyoshi Sey Takeyama hat Tendenz, Beziehungen zwischen unvollständigen Dingen und Ereignissen zu knüpfen, isolierte Phänomene in einer zerstückelten, nicht kontinuierlichen und unvollendeten Welt zu strukturieren. Eine Festigkeit und Ausgeglichenheit in seiner Arbeit, die sich auf eine unaufdringliche Symbolik stützt und dabei gleichzeitig paradoxerweise die Diskontinuität und Zerstückelung betont, diese jedoch als positive Werte betrachtet. „Weil es letztendlich", so der Architekt, „keine Alternative gibt: Wir müssen in diesem Kontext leben und agieren".

Die Zukunft der Stadt
Essay

Die Stadt ist aus „Erinnerungen" gewoben. Die Architektur ist ein Inkubator für die Dauer. Die Technologien, die es einst dem menschlichen Leben ermöglicht hatten, zu gedeihen, waren ausnahmslos Methoden, um die Zeit zu konservieren. Die Bücher haben dem Gedanken Dauer verschafft. Fotografien, Tonaufnahmen, Filme und Videos erhalten die Zeit mit Hilfe von Licht oder Ton. Ebenso hat die Architektur das Projekt jeder Epoche materialisiert: Sie stellt also die „Zeit" auf sehr viele verschiedene Arten dar. Die Architektur ist ein „Webwerk der Erinnerungen".

Eine unvollständige Form ist in gewissem Grade zur Interaktion mit den anderen Formen in der Lage, wie etwa der Austausch von Elektronen durch Ionen. Auf diese Weise reflektiert die architektonische Ausdrucksweise unser Bewußtsein. Wir können die Gegenwart nur auf unvollständige Weise definieren. Die Erfindung der Kommunikationstechniken erlaubt uns den Zugang zu allen möglichen Arten der Information. Doch diese Technologien haben die Information in Stücke geteilt. A contrario kann man sagen, daß die Gesellschaft, indem sie diese fragmentarische Information angenommen hat, den schnellen Fortschritt der Kommunikationstechniken ermöglicht hat. Wir träumen nicht mehr von einer Utopie der Selbstgenügsamkeit beim Teilen eines gemeinsamen Schatzes von Informationen. Wir müssen unseren Platz inmitten einer Flut von unvollständigen, fragmentarischen Informationen suchen. Heute (und morgen wird es noch genauso sein) sehen wir die Welt als permanente Diskontinuität von Teilereignissen. Die Unvollständigkeit der Information und die Unvollständigkeit der menschlichen Existenz verkörpern eine Gegenwart, in der verschiedene Zeiten gleichzeitig nebeneinander existieren.

Die Medien, entsprungen aus dem menschlichen Erfindungsgeist, haben unser Bewußtsein verändert und eine neue Sichtweise der Welt ermöglicht. Solange die Architektur eine Darstellung unseres räumlichen Bewußtseins sein wird, wird sich nicht vermeiden lassen, daß sie unvollständig ist, wenn sie die Gegenwart darstellen will. Auch die Zukunft wird nur in einer unvollständigen Form zum Ausdruck gebracht werden.

Linke Seite
Pastoralhalle
Shuto-Cho,
Yamagushi, Japan

Oben
Ansicht des Gebäudes und des
Außeneingangs zum Auditorium
Unten
Ansicht des Foyers

**Pastoralhalle
Shuto-Cho,**
Yamagushi, Japan

Rechte Seite
Oben
Auditorium außen
Unten
Auditorium innen

Unten
Schnitt, bei dem beide Auditorien erkennbar sind

Die Pastoralhalle, Shuto-Cho, Yamagushi, Japan

Die Pastoralhalle von Shuto-Cho ist für Konzerte klassischer Musik konzipiert und wird der Zielort der kulturellen Aktivitäten des umliegenden Parks sein. Für Takeyama ist die Architektur die Stilisierung der Erde und ihrer Höhenlinien; und wenn die Technologie es erlaubt hat, sich über der Erdoberfläche zu erheben, liegt es immer im Sinn und Wesen der Natur der Architektur – was ihre Grundzüge betrifft –, mit den Höhenlinien des Planeten zu arbeiten. Das Bewußtsein, „Höhenlinien" zu schaffen, ist in der Konzeption des Parks durchgängig zu beobachten. Es wurde eine Promenade entworfen, die nicht nur ein Mittel ist, das zu einem festen Ziel bestimmt ist, sondern auch ein Prozeß, ein Ort, wo man ohne präzises Ziel herumschlendern kann. Die Höhenlinien der Promenade rufen bei den Menschen Interaktionen hervor, und zwar sowohl bei denjenigen, die eine Veranstaltung besuchen als auch bei solchen, die die Stille erfahren oder in der Musik aufgehen.

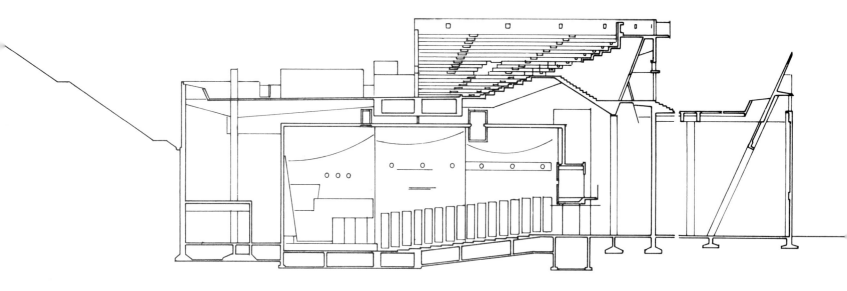

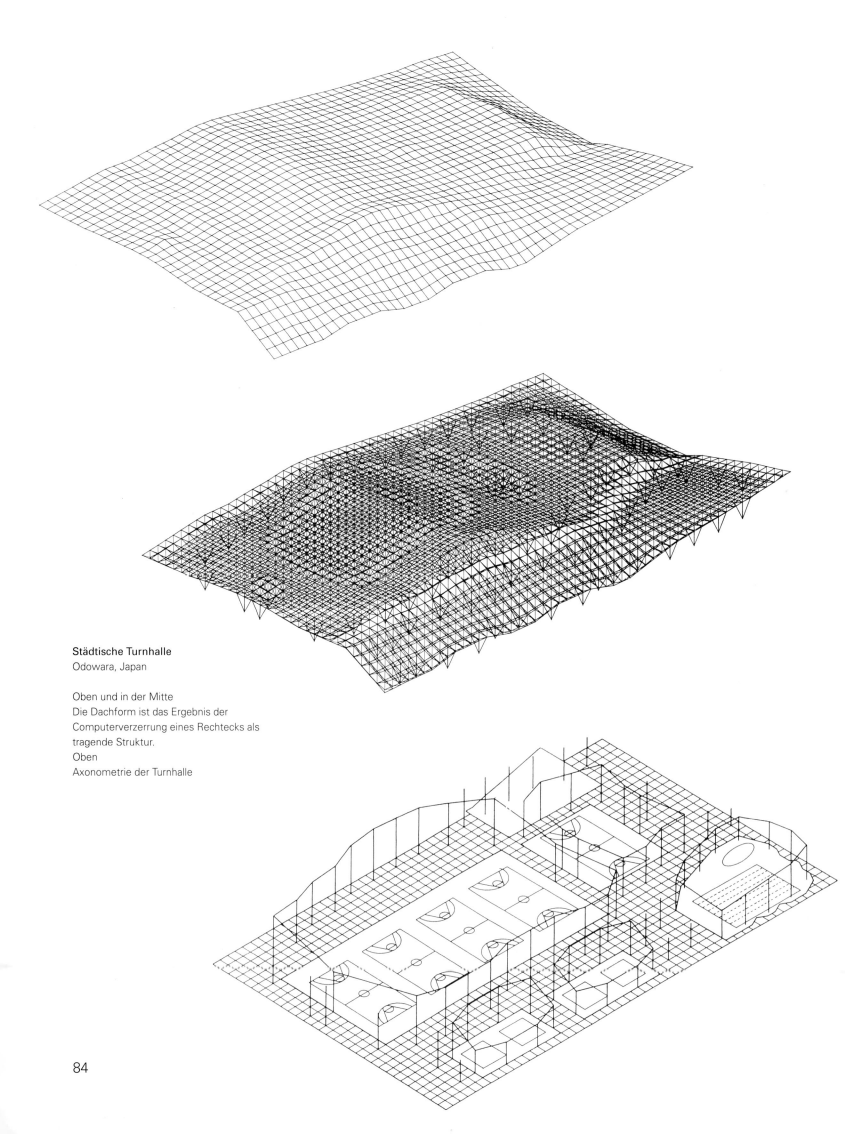

Städtische Turnhalle
Odowara, Japan

Oben und in der Mitte
Die Dachform ist das Ergebnis der Computerverzerrung eines Rechtecks als tragende Struktur.
Oben
Axonometrie der Turnhalle

SHOEI YOH

Fukuoka, Japan

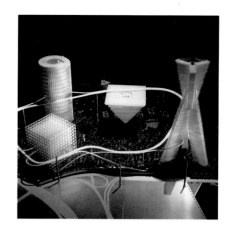

Luftstadt
Pier von Daikoku, Yokohama, Japan

Oben und folgende Seiten
Modellansicht

Vier Objekte: ein Würfel, ein Zylinder, eine umgekehrte Pyramide und ein Dreifuß sind mit einem Luftnetz von Autobahnen verbunden, die den Boden frei lassen

Shoei Yoh, ein herausragender Schüler, der 1962 (mit 22 Jahren!) an der Keio Gijuku Universität von Tokio sein Diplom erwarb, ging in die Vereinigten Staaten, um dort Kunst zu studieren, bevor er 1970 in Fukuoka sein Büro eröffnete.

Zwei zugleich subtile und spektakuläre Bauwerke legten den Grundstein für seinen Ruf: das Haus „Lichtgitterwerk" (1980) und das Haus „Sonnenuhr" folgen einem einfachen Prinzip: eine geometrische Hülle – ein einfaches Parallelflach – wird durch schmale verglaste Schlitze rhythmisiert, die ein orthogonales Gitter zeichnen. Das Sonnenlicht projiziert auf diese Weise auf den Boden und die Seitenwände ein Karomuster, das sich im Verlauf der Tagesstunden bewegt. Nachts ist es die Innenbeleuchtung, die den Umfang des Hauses vorgibt. Seit der Wende dieses Jahrzehnts haben sich die Hauptschwerpunkte von Shoei Yoh auf die allgemeinere (und in Japan schärfere) Problematik des Baulandes und des städtischen und natürlichen Umfelds ausgedehnt.

Übersichtsplan mit dem Straßennetz

Luftstadt, Yokohama, Japan

Der Pier Daikoku des Luftzentrums in Yokohama ist ein Beispiel für die ökologische Nutzung des Terrains wie auch für eine in den Höhen gelegene Stadt. Der Pier Daikoku ist ein Netz, das sich fünf Meter über dem Erdboden befindet. Es ist gekennzeichnet durch kolossale Kurven, die das Aussehen der Stadt verändern werden. Der untere Teil der Gebäude mit sehr hoher vertikaler Erhebung (über 300 Meter) ist für Fußgänger und Freizeitaktivitäten reserviert.

Wenn die Luftstadt komplett fertiggestellt ist, werden alle Straßen und Verkehrsampeln verschwinden, und zwar derart, daß der Erdboden wieder natürlich, ursprünglich sein wird. Dadurch wird eine besonders effiziente Stadt entstehen, die 24 Stunden am Tag aktiv sein und gleichzeitig schattiges, sattgrünes Gebüsch bieten wird. Die Notwendigkeit, zwischen Stadt und Land wählen zu müssen, wird so der Vergangenheit angehören.

Städtische Turnhalle von Odawara, Japan

Die Turnhalle ist ein Beispiel dafür, was Shoei Yoh als „aquatische Architektur" bezeichnet. Es handelt sich in der Tat um ein fließendes System städtischen Raumes, das durch den Einsatz neuer Technologien, insbesondere durch Design mit Computerunterstützung, ermöglicht wurde.

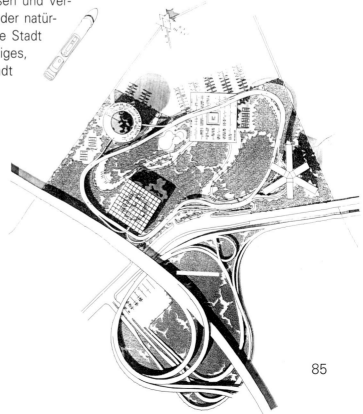

85

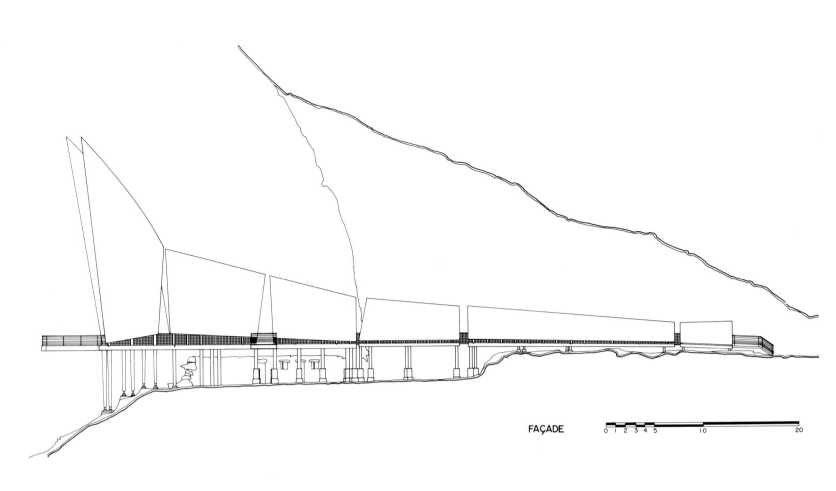

FAÇADE

MASSIMILIANO FUKSAS

Rom, Italien
Paris, Frankreich

Bevor Massimiliano Fuksas sein Architekturstudium abschloß, war er ein Aktivist der 68er-Bewegung, und von dieser früheren politischen Überzeugung bewahrte er sein provokantes Redetalent. Zunächst auf Rom fixiert, schuf er in den umliegenden Dörfchen einige anarchische Bravourstücke, wo die Unordnung mit dem Ungleichgewicht wettstreitet (Turnhalle von Paliano 1985, Friedhof von Civita Castellana 1989). Das offene Frankreich der 80er Jahre konnte von seiner aktivistischen Begeisterung profitieren: Hier schuf er versetzte sensible Bauten (Haus der Konfluenz 1989, Médiathèque von Rézé 1991). Sein Werk, das zunächst von einer ausdrucksstarken Darstellung über das Maß hinaus gekennzeichnet war, scheint sich inzwischen mehr in Richtung einer eher konzeptuellen als formellen Strenge hin zu bewegen.

Graffitimuseum, Eingang zur Grotte von Niaux, Ariège, Frankreich

Der Eingang zur Grotte von Niaux hebt den Ort hervor und schafft gleichzeitig ein die Bedeutung hervorhebendes Symbol. Das Konzept für dieses Projekt ist eine Art großes prähistorisches Tier, das aus den Grotten kommt und seine Flügel ausbreitet, um die Besucher zu empfangen. Als ein Stück Archäologie gedacht, wurde bei diesem Projekt Cortenstahl, ein bereits angerostetes Material, verwendet.

Candie Saint-Bernard, Paris, Frankreich

Der erste Auftrag aus Paris für Massimiliano Fuksas, die Neustrukturierung der Insel Candie Saint-Bernard, ist Teil eines umfassenden Sanierungsprogramms in einem typischen Stadtteil von Paris, dem Faubourg Saint-Antoine. Fuksas ist in diesem Viertel ein bekanntes Gesicht: Er hatte bereits ein Projekt über die Gestaltung der stillgelegten Eisenbahntrasse durchgeführt, die zur Bastille führt. Er wußte folglich die Dichte der Bauweise des 19. Jahrhunderts zu schätzen, die nur von Passagen und Sackgassen unter Portalvorbauten durchdrungen war. Er mußte hier zugleich einen Anziehungspunkt für die Turnhalle schaffen sowie einen Maßstab und eine Farbe bewahren, die dem Viertel seinen etwas aus der Mode gekommenen Charme verleihen.

Fuksas plazierte die Elemente des Programms nach der einfachsten und effektivsten städtischen Logik: Tennisplatz und Turnhalle reihen sich in einer Ost-West-Linie aneinander; Wohn- und Geschäftsgebäude bilden die Front der Rue Charles-Delescluze in der Fortsetzung der bestehenden Bausubstanz.

Um die allgemeine Volumetrie auszudrücken, setzt Fuksas seine altbekannten Hilfsmittel ein, eine Metapher mit leicht ironischem Touch, nämlich die eines Computer-Schnelldruckers, der eine Liste in drei deutlich wahrnehmbaren Wellen ausspuckt: die erste beschirmt Eingang und Serviceräume der Turnhalle; die beiden anderen sind durch Brücken miteinander verbunden und nehmen die Wohneinheiten auf, mit dem nicht zu leugnenden Vorteil, daß sich die Appartements mit den beiden Wellen überlappen und im Westen zwei verschobene Ebenen bilden.

Linke Seite
Eingang zur Grotte von Niaux
Ariège, Frankreich

Oben
Fassade
Unten
Ansicht des Gebäudes

Candie Saint-Bernard,
Paris, Frankreich

Nebenstehend
Turnhalle

Unten
Blick auf die Wohnanlage

Rechte Seite
Oben
Westansicht
Unten
Blick auf die verzinkten Fassaden

MASSIMILIANO FUKSAS

Diese inkongruenten Formen, die dem Ganzen den Status eines Objekts außer der Norm verleihen, werden durch das Zinkblech domestiziert, das im Stadtviertel ein vertrauter Anblick ist und die Überdachungen und Fassaden mit regelmäßigen Öffnungen bedeckt.

Für die Turnhalle und die sportlichen Einrichtungen wurden rohe Materialien und Farben gewählt, Rohbeton, graue und schwarze Texturen in brutaler und klarer Ästhetik, abgeschwächt durch eine große Sensibilität im Detail wie auch dank der Frische der schwarzweißen Freske von Enzo Cucchi.

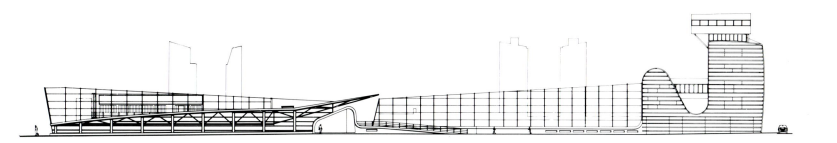

ODILE DECQ UND BENOÎT CORNETTE
Paris, Frankreich

Odile Decq und Benoît Cornette wurden durch ihr Gebäude für die Bank der Bretagne in Rennes (1990) bekannt und haben ihren Ruf als Förderer einer dynamischen, metallischen und funkelnden Architektur mit einem leichten Punk-Einschlag ausgebaut. Ihre Projekte bevorzugen die Bewegung, die Dreidimensionalität und die Asymmetrie im Gegensatz zu der statischen Monumentalität, der Frontalität und der Symmetrie in einer kinetischen (und sogar kinematographischen) Ästhetik, die mit den Begriffen von Geschwindigkeit und Ablauf spielt.

Viadukt von Carrières-sur-Seine und Betriebszentrum der Autobahnen, Nanterre, Frankreich

Einerseits ein Verbindungsviadukt zwischen einem unterirdischen Kreuz und einer Autobahnbrücke, andererseits ein Gebäude: das Betriebszentrum der Autobahnen. Oben die Autobahn, der Lärm, die Geschwindigkeit, die Benzindämpfe; unten ein Landschaftspark am Ufer der Seine, Ende des grünen Ergusses, der Teil der historischen Großen Achse von Paris ist. Zwischen den beiden: ein Pilotgebäude. Als Maßwerk des Fließens und der Flüssigkeiten, ist dieses Projekt ein Durchgangsort, der mit einem dynamischen Gleichgewicht ausgestattet ist.

Die drei Hauptelemente des Viadukts, Brückenbelag, Gestänge und Pfeiler, sind klar voneinander getrennt. Daher sind die funktionelle Autonomie und die strukturelle Rolle aller Elemente klar identifizierbar, und das Kunstwerk wird dadurch auf einzigartige Weise leichter. Die Kontinuität des Parks wird dadurch noch besser gewahrt, und der grüne Raum entgeht der Autobahnmauer.

Noch besser ist, daß die Lage des Betriebszentrums die physische Kontinuität des Parks bewahrt.

Das Betriebszentrum war eher wie eine Schranke in dem Park auf den Boden gestellt und wurde von Boden losgelöst und an die Fahrbahn der Autobahnbrücke montiert. Unter dem Gebäude ist sein Vorplatz nur noch der Schatten, der auf den Boden fällt, auf das Gras des Parks. Indem es so emporgehoben wird, zeigt das Betriebszentrum sofort, daß es nicht zum Park gehört, in dem es keinesfalls ein „Pavillon" ist, sondern ganz einfach zum Autobahnsystem, dessen Steuerungsposten es ja ist.

Das Zentrum liegt nicht nur in der Luft, sondern auch unter Wasser, da es in die „Strömung" der Fahrzeuge getaucht ist, die es ständig streifen, eingetaucht in das doppelte „Fluß"-System der Autos. Nur die Ausguckhalle taucht daraus hervor. Das Volumen der Halle gleitet tatsächlich zwischen den beiden Fahrbahnen der Autobahnbrücke hindurch, um oberhalb des Verkehrs aufzutauchen und seine Antenne gegen den Himmel zu richten, womit es das Signal des Tores zur Hauptstadt und den neuralgischen Kontrollpunkt der Autobahn kennzeichnet.

Linke Seite
Oben
Viadukt von Carrières-sur-Seine
Nanterre, Frankreich
Unten
Betriebszentrum der Autobahnen
Nanterre, Frankreich

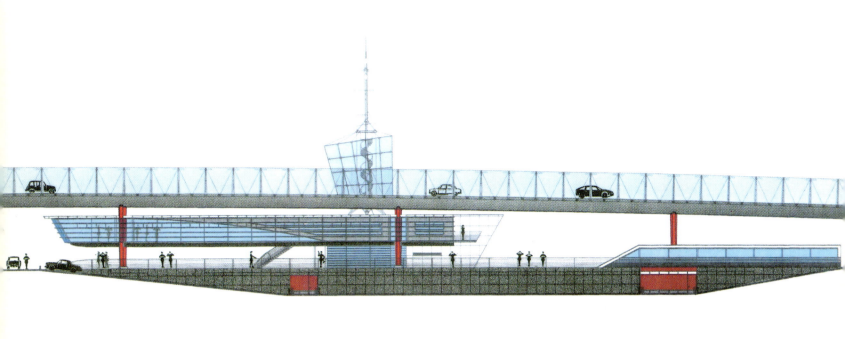

Betriebszentrum der Autobahnen
Nanterre, Frankreich

Oben
Ansicht
Mitte
Querschnitt
Unten
Grundriß des Blocks

Rechte Seite:
Perspektive in Farbe

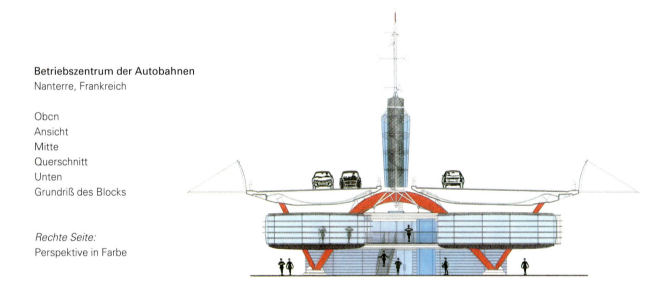

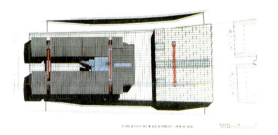

GÜNTHER DOMENIG

Graz, Österreich

Ein Flirt mit den Megastrukturen in den 60er Jahren, eine aktive Teilnahme an der sogenannten „Grazer"* Schule der jungen österreichischen Architekten und ein Bürogebäude mit katastrophenartigem Aussehen, die Zentrale Sparkasse von Wien (1979), ein High-Tech-Gebäude, das aussieht, als ob es einem Erdstoß ausgesetzt gewesen wäre, haben den Ruf von Günther Domenig begründet.

Der Architekt erforscht ein neues Kapitel der Geschichte des Expressionismus. Seine bedrohlichen Figuren aus Beton und Stahl erinnern in einer starken und beunruhigenden Ästhetik an atlantische Bunker und das Schiff von Alien.

Linke und folgende Seiten
Haus Domenig,
Steindorf, Österreich
Gesamtansichten

Steindorf, Österreich

Architektur und Landschaft
Architektur und Ort
Architektur
Der Ort
Gras und Stein
Der andere Ort
Offen und zart

Die subjektiven Dimensionen des Ortes
Der Ort als Gedächtnis

Der Ort als Erfahrung
Der Ort als Darstellung
Der Ort als Selbstdarstellung

Die Hügel erheben sich aus dem Boden
Von Felsen geborsten
Durch einen Abgrund getrennt
Die Felsen sind Metall
Und die Hügel sind Mauern
Räume und Pfade

Führen unter die Schicht
Des Grundwassers
Kerben sie ein.
Ganz am Grund des Untergeschosses
Die Wendeltreppe
Die Spitze
Und das aus dem Boden austretende Wasser
Gleichbleibend
Und in den schwebenden Felsen
Auch der Traum
Der Abgrund ist da, wo man läuft
Der Würfel der Begegnungen
Die Ecke, in der man ißt
Der tiefer gelegene Weg unter dem Wasser
Der höher gelegene Weg
Der zum Wasser geht
Und im Wasser
Bruch
Bereit
Emporzuschießen

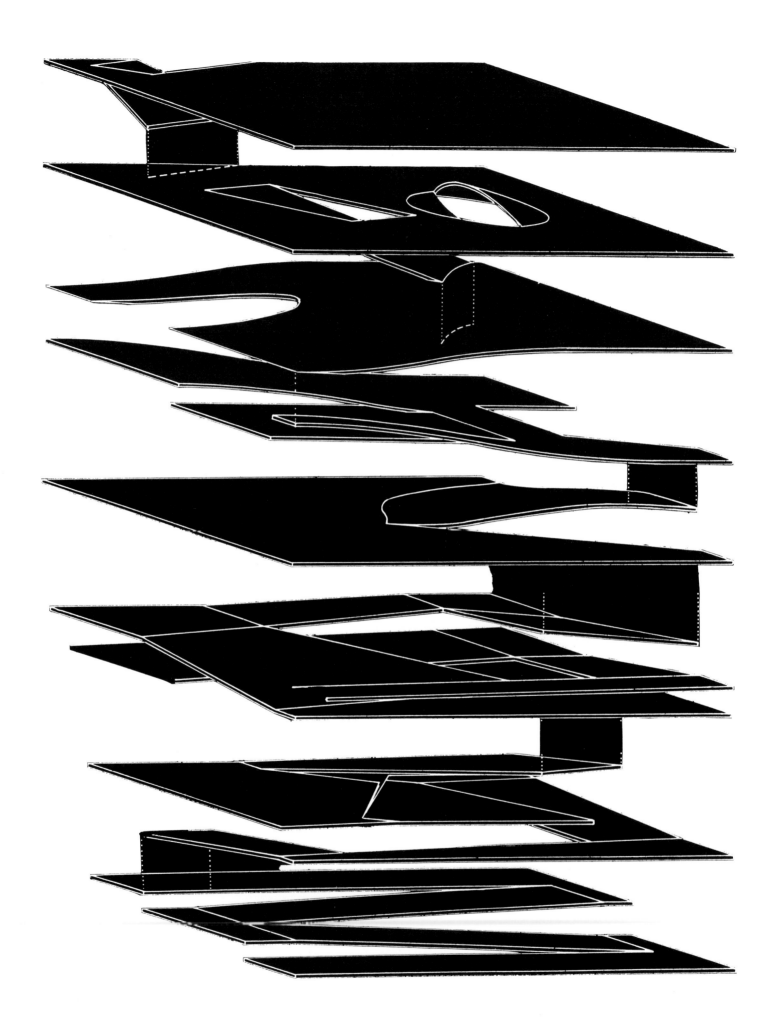

OMA – REM KOOLHAAS

Rotterdam, Niederlande

Rem Koolhaas und das OMA (Office for Metropolitan Architecture) wurden in den 70er Jahren durch eine Reihe von provokativen und wirkungsvoll illustrierten Manifestprojekten bekannt, die durch ein Kultbuch gekrönt wurden, das für eine „Kultur des Blutandrangs" kämpfte: „New Yorker Delirium". Dort wurde der nachdrückliche Wille deutlich, an eine Modernität wieder anzuknüpfen, die sich jenseits des Atlantiks durch die Vermittlung eines heftigen Optimismus fortsetzte. „Auf dem Müll der Geschichte", behauptete Koolhaas später, „liegen die ergiebigsten Ideen", oder auch: „Wenn es in dieser Arbeit (der Architektur) eine Methode gibt, der man folgen sollte, wäre es die der systematischen Idealisierung, eine automatische Überschätzung des Bestehenden, eine spekulative Bombardierung, die (...) selbst das investiert, was es an Mittelmäßigstem gibt".

Mit dem Tanztheater von Den Haag, dem Haus von Alva, der Kunsthalle von Rotterdam oder dem Kongreßzentrum von Lille hat Rem Koolhaas den Beweis für sein Talent gegeben. Die nächste Etappe: die Bibliotheken von Jussieu, für die er 1992 den Wettbewerb gewonnen hat.

Bibliotheken, Campus von Jussieu, Paris, Frankreich

Das Projekt für die Bibliotheken von Jussieu ist kein Gebäude. Es ist ein Maßwerk. Es wurde als Kern des Campus entworfen und wird wie ein Rückstand empfunden, einfach, leer, eingezwängt zwischen dem Sockel und den bestehenden Gebäuden.

Damit es seine Präsenz wieder behaupten kann, gehen wir davon aus, daß bei diesem Projekt die Oberfläche des Vorhofs flexibel ist, eine Art magischer sozialer Teppich, den wir falten, um eine Aufschichtung von Plattformen zu erlangen, ein Gebäude, das an die Gittertür von Jussieu angrenzen würde.

Da das grundlegende Problem des jetzigen Vorplatzes die Zersplitterung ist, schafft seine Neugestaltung also, von derselben Substanz ausgehend, die Konzentration. Um sie besser auszunützen, stehen die beiden Bibliotheken in einer „umgekehrt proportionalen" Beziehung zu den Anhäufungen und den Lesesälen: die Bibliothek der Wissenschaften ist unterirdisch; die geisteswissenschaftliche Bibliothek erhebt sich über dem Vorplatz, der im Süden an die Metrostation und im Norden an die Seine anschließt, und der sich wie eine doppelte Schraubenlinie fortsetzt, um den Bereich Empfang/Rezeption/soziales Leben zu bilden.

Dieses neue Gebiet wird verstädtert: die spezifischen Elemente der Bibliotheken werden wie individuelle Bauwerke in einer Stadt eingesetzt.

Anstelle einer einfachen Aufschichtung von übereinandergelagerten Ebenen werden die Anlagen eines jeden Stockwerks abgeändert, um sie mit dem unteren und oberen Stockwerk zu verbinden. Auf diese Weise durchquert ein fortlaufender Weg die gesamte Struktur wie die Windungen eines Boulevards im Innern. Er bietet allen Elementen des Programms den Vorteil der Sichtbarkeit und der Zugänglichkeit: Der Besucher ähnelt hier dem Bummler von Baudelaire, einem Beobachter, der durch eine Welt von Büchern, von Informationen und durch „städtische Situationen" verlockt wird.

Linke Seite
Bibliotheken, Campus von Jussieu
Paris, Frankreich
Eine Aufschichtung von zerschnittenen und ausgebreiteten miteinander verbundenen Flächen.

Bibliotheken, Campus von Jussieu,
Paris, Frankreich

Oben
Nördliche (zur Seine), östliche (zum Jardin des Plantes), südliche (zum Campus von Jussieu) und westliche (zum Institut du Monde Arabe) Fassade
Unten
Schnitte

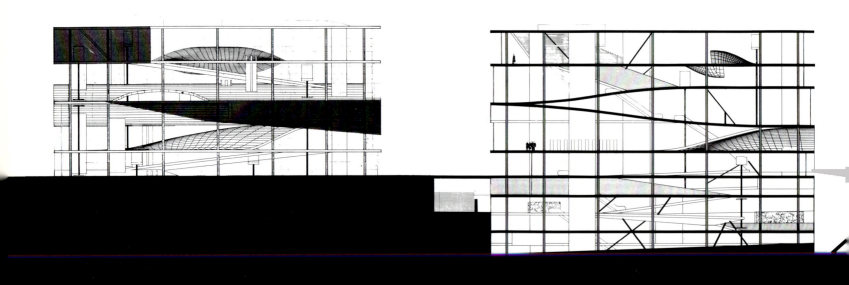

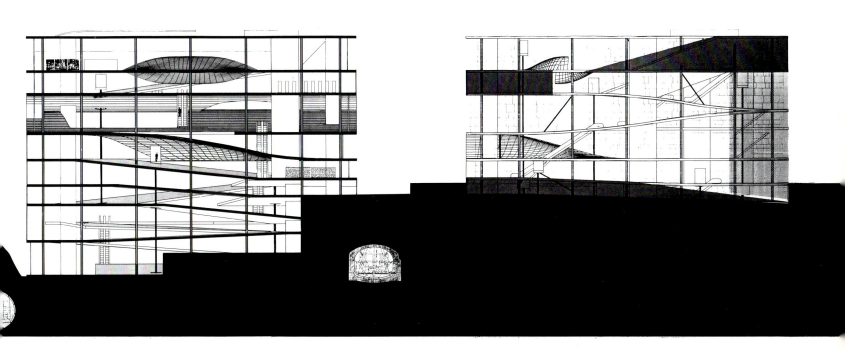

Bibliotheken, Campus von Jussieu,
Paris, Frankreich

Oben
Innenbereich (Studien zur Definition)
Oben rechts
Strukturmodell
Unten
Schnitt und Pläne der Verkehrsflächen

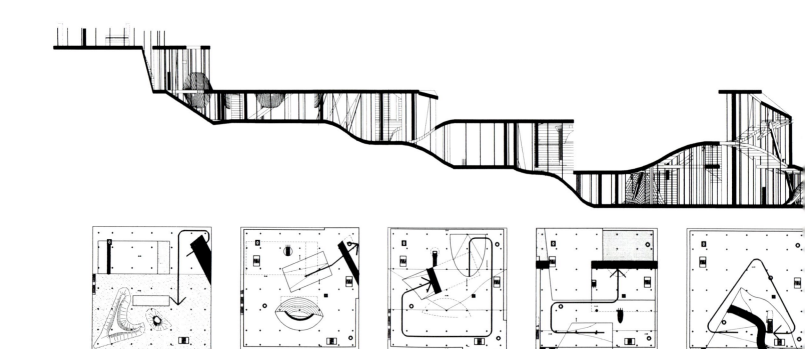

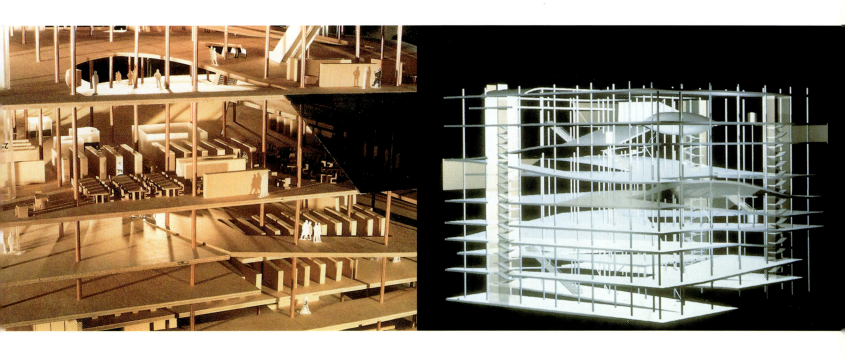

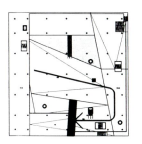 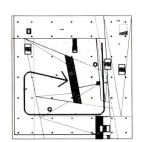 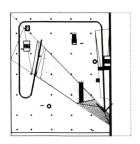 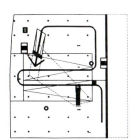 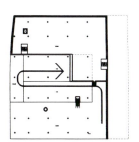

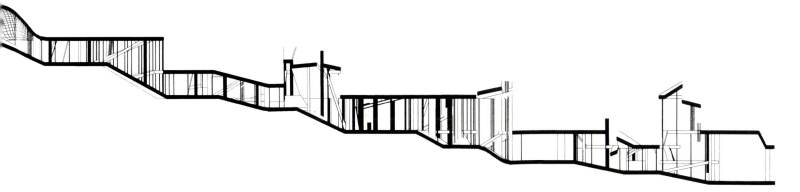

ZAHA HADID

London, Großbritannien

Zaha Hadid kommt aus dem Irak, lebt in London und hat ihr Diplom bei der Architectural Association* gemacht. Sie wurde 1978 anläßlich des Wettbewerbs für das Parlament von Den Haag mit dem OMA bekannt und hat von ihren ersten Projekten, die von Malewitsch und dem Suprematismus geprägt waren, die Vorliebe für eine Architektur beibehalten, die frei von jeder Schwere ist und aus großen verschobenen Flächen besteht, die in einem ätherischen Raum schweben. Ihr Meisterprojekt des Wettbewerbs für „The Peak" in Hong Kong im Jahr 1983 war beispielhaft. Entgegen den Voraussagen verdrießlicher Geister konnte sie durch das Erbaute – in Japan oder in der Nähe von Basel mit der Feuerwehrstation für den Möbelfabrikanten und „Sammler" von Architektur Vitra – den Beweis abgeben für die Dauerhaftigkeit ihres Vorgehens und den räumlichen Reichtum, den ihre Projekte in der Form von Gemälden boten.

Kunst- und Medienzentrum von Düsseldorf, Deutschland

Das Kunst- und Medienzentrum von Düsseldorf hat die Verwandlung des alten Hafens angeregt. Vom Fluß ausgehend durchbohrt ein riesiges Metalldreieck die Mauer, um eine Zugangsrampe zur Straße und darunter einen abfallenden Platz zu bilden. Die angrenzenden ebenerdigen Ebenen öffnen sich, um im Norden die technischen Studios, und im Süden die Läden und Restaurants zu enthüllen. Im Untergeschoß wurde eine Mauer von technischen Diensten komprimiert und verlängert teilweise diejenige, die sich vom Boden erhebt und so gekrümmt ist, daß sie einen Kinosaal mit 320 Plätzen beherbergt. Auf der Straßenseite zeigt die Mauer im Beton winzige lineare Einkerbungen; auf der Flußseite stellen sich die verschiedenen Ebenen auf Überkragungen variabler Tiefe dar. Eine von ihnen macht von einem leeren Raum Gebrauch, der zu einer Terrasse wird und sich dann auf dem angrenzenden Block in einen festen schwarzen Kasten verwandelt.

Die Werbeagentur besteht aus einer Reihe von noch mehr zerstückelten Platten, die senkrecht zur Straße gelegt sind. Sie ist ein minimalistischer Glaskasten, der von einer Familie von skulptierten Stützen und von mächtigen dreieckigen Übertragungsstrukturen umgeben ist.

Feuerwehrkaserne von Vitra, Weil am Rhein, Deutschland

Die Feuerwehrkaserne von Vitra in Weil am Rhein, Deutschland, erinnert an eine versteinerte Bewegung und drückt die Aufmerksamkeit des ständigen Alarms, die Möglichkeit, von einem Augenblick zum anderen plötzlich in Aktion treten zu müssen, aus. Die Mauern vermitteln den Eindruck, als ob sie aneinander vorbeigleiten würden, während die riesigen Schiebetüren buchstäblich eine bewegliche Mauer bilden. Das Gebäude verbirgt die benachbarten Häuser, was die Identität des Gebäudekomplexes von Vitra verschleiert. Dieses Verbergen und die Definition eines Raumes waren die

Linke Seite
Kunst- und Medienzentrum,
Düsseldorf, Deutschland
Zwei Ansichten des Modells

Feuerwehrkaserne von Vitra,
Weil am Rhein, Deutschland

Rechte Seite
Oben
Außenansicht bei Nacht
Unten
Innenraum

Unten
Planungsskizze

Ausgangspunkte für die architektonische Idee: eine Reihe von linearen, vielschichtigen Mauern. Die Aktivitäten der Kaserne nehmen die Zwischenräume ein, wobei sich die Mauern je nach den funktionellen Notwendigkeiten öffnen, neigen oder zerbrechen.

Opernhaus von Cardiff, Bucht von Cardiff, Großbritannien

Dieses Projekt basiert auf dem architektonischen Ausdruck einer Hierarchie zwischen den diversen Räumen: der Zuschauerraum und die anderen öffentlichen oder teilweise öffentlichen Räume, die für die Vorstellungen und die Proben bestimmt sind, ragen wie Juwelen auf einem Band von rationell aufgereihten Installationen hervor. Das Band selbst schlingt sich um die Anlage wie ein umgekehrtes Halsband, bei dem alle Steine zueinander zeigen und zwischen sich einen konzentrierten öffentlichen Raum schaffen, der für alle vom Zentrum aus zugänglich ist.

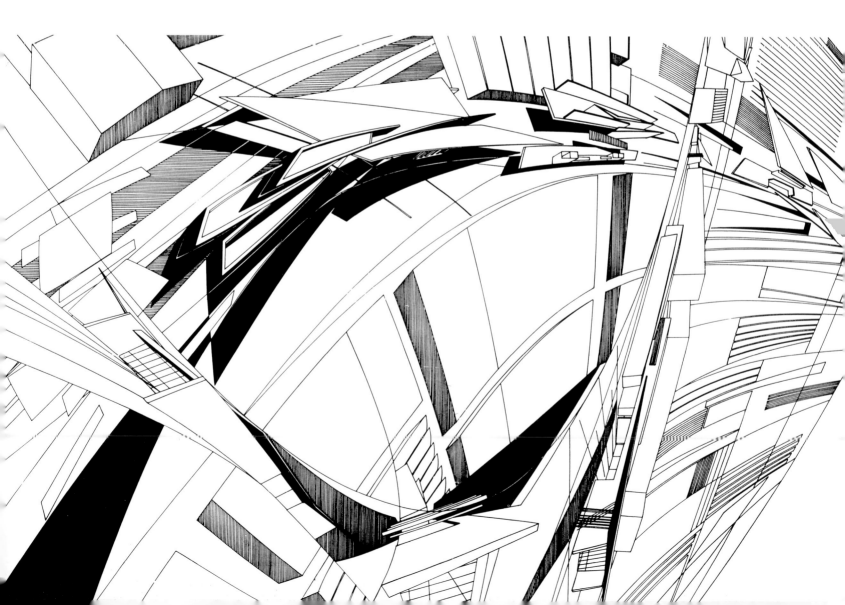

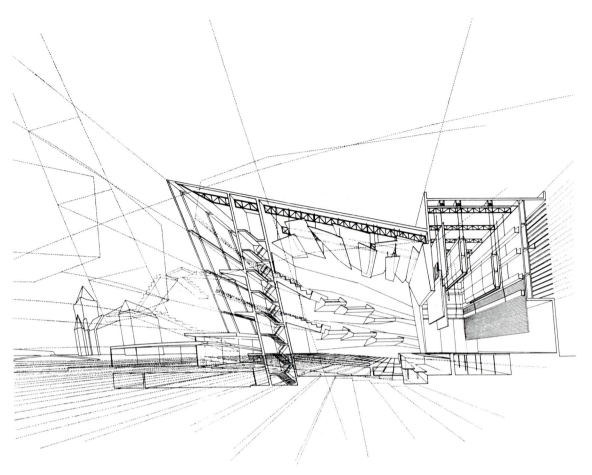

Opernhaus von Cardiff
Bucht von Cardiff,
Großbritannien

Oben:
Schnitt
Unten:
Modellansicht

Rechte Seite

Oben
Grundriß
Unten
Ansicht des zweiten Modells

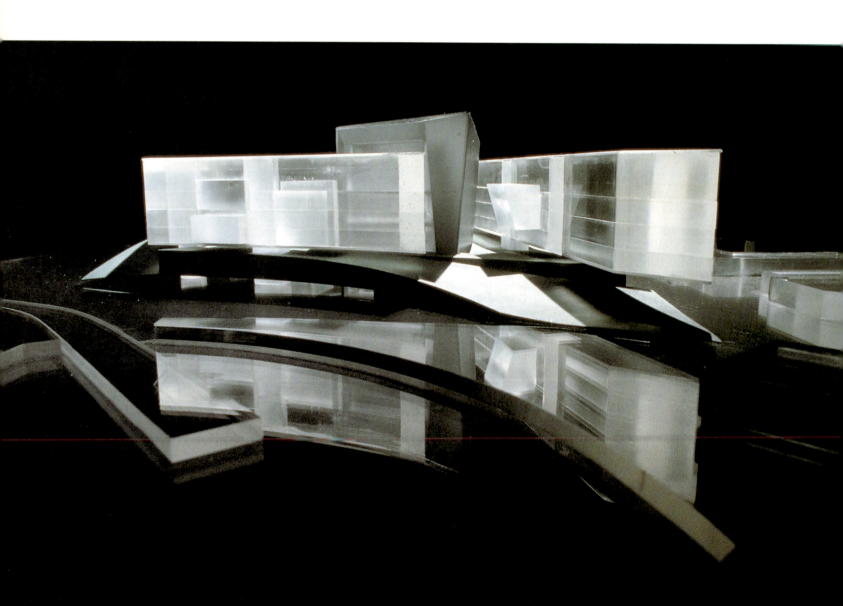

ZAHA HADID

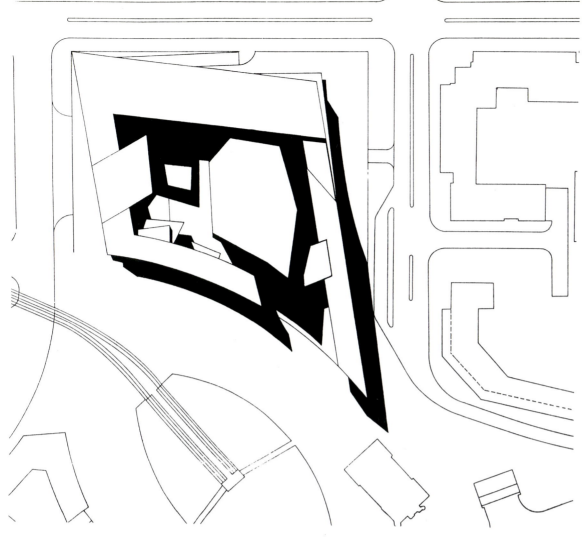

COOP HIMMELBLAU

Wien, Österreich
Los Angeles, Kalifornien, USA

Am Ende der wilden 60er Jahre sah sich die Stadt Wien plötzlich von Weltraumkapseln, psychedelischen Astronautenanzügen, selbstgefälligen Blasen und aufblasbaren Giganten überrollt; insgesamt eine aktive Architektur, die sich subversiv, pneumatisch, hedonistisch darstellt und die aufs Neue das Leben verändern sollte. Die bekanntesten Protagonisten dieses Abenteuers waren Missing Link*, Haus Rucker Co* und Coop Himmelblau.

Diese Träume vom räumlichen Paradies schwanden, und Coop Himmelblau hat seine Objekte erneuert und eine abgekratzte und provokative Architektur entwickelt, die ihr Augenmerk auf die Schwerelosigkeit richtet, die Außen/Innen umkehrt und deren Spannungskabel und die vorstehenden Antennen die Erlesenheit der Technik (schlecht) verbergen.

Eine Zukunft wunderbarer Trostlosigkeit
Essay

Die Architektur der Zukunft existiert bereits.

Einsame Parks, trostlose Straßen, verwüstete Häuser sind charakteristisch für unsere heutigen Städte und werden auch für die zukünftigen charakteristisch sein. Begriffe wie „sicher und gesund" lassen sich nicht mehr auf die Architektur anwenden.

Wir leben in einer Welt von Objekten, die wir gar nicht mögen, Reliquien einer urbanen Zivilisation. Diese nur auf den eigenen Vorteil ausgerichtete Welt wird von der heutigen Architektur bis zur Schizophrenie kopiert.

Die reaktionäre Architektur neigt dazu, Probleme zu verbergen, anstatt ein neues Bewußtsein zu schaffen, das für die Stadt unerläßlich ist.

Man sollte Architektur heute aber als ein Mittel betrachten, das wieder mehr Lebenskraft in die Städte zu bringen vermag.

Die zeitgenössische Architektur wird erst dann ehrlich und wahr, wenn Straßen, freie Plätze, Gebäude und Infrastruktur die urbane Realität reflektieren und wenn die Verwüstung der Stadt in faszinierende Symbole von Trostlosigkeit verwandelt wird. Die Trostlosigkeit, nicht aus Gefälligkeit resultierend, sondern aus der Identifikation mit der urbanen Realität, wird Wünsche wecken und das Vertrauen in sich selbst und den Mut, von der Stadt Besitz zu ergreifen.

Wichtig wird nicht der Rasen, den man nicht betreten darf, sein, sondern der Asphalt, auf dem man laufen kann.

Natürlich muß man all das ausrangieren, was diesen „emotionalen Akt der Nutzung" verhindert: die falsche Ästhetik, die wie dicke Schminke im Gesicht der Mittelmäßigkeit aufgetragen ist, die eingefrorenen alten Werte, den Glauben, daß all das, was stört, schöner werden kann, die Autokraten, deren Devise „Wirksamkeit, Sparsamkeit und Wegwerfproduktion" ist.

Die Architekten müssen aufhören, nur ihrer Klientel gefallen zu wollen.

Die Architekten müssen ihr Stöhnen über ihr schlechtes Umfeld einstellen.

Linke Seite
Groninger Museum
Niederlande,
Innenansicht

Rechte Seite
Raumanordnung des UFA-Kinos,
Dresden, Deutschland
Der Gebäudetyp bildet eine Raumsequenz, die von einem Dreieckskörper (die UFA-Säle) zu einem Zylinder (das UFA-Kino, wie es ist) übergeht, danach zu einer Platte und einem rechteckigen Körper.

Komplex der UFA-Kinosäle,
Dresden, Deutschland

Die Architektur ist kein Mittel zum Zweck.
Die Architektur hat keine Funktion.
Die Architektur ist kein Notbehelf. Sie ist das Gerippe im Fleisch der Stadt.
Die Architektur gewinnt im Verhältnis zur Trostlosigkeit an Bedeutung.
Die Trostlosigkeit folgt aus der Tatsache des Gebrauchs. Sie nimmt ihre Kräfte aus der umgebenden Verwüstung.
Und diese Architektur hat eine Botschaft: Alles, was ihr liebt, ist schlecht. Alles, was funktioniert, ist schlecht. Alles, was akzeptiert werden muß, ist gut.

Die Anordnung der Räume im UFA Kino, Dresden, Deutschland

Die Räume des UFA-Kinos verbinden drei Dresdener Viertel zu einer zusammenhängenden Städtelandschaft. Diese Dreiecksform präsentiert sich wie ein Gehäuse aus druchsichtigem Glas, wie ein Aquarium mit flüssigem Inhalt und beweglichen Wesen, die frei schweben. Die Fassaden bestehen aus mehreren durchgehenden Leinwänden, auf welchen man die Bewegung der Menschen mitten in den leuchtenden und farbenfrohen Motiven sehen kann.

Groninger Museum, Groningen, Niederlande

Das Basiskonzept des neuen Kunstmuseums in Groningen ist auf der Vorstellung eines Raumes, der sich in negativer und positiver Weise entfaltet, begründet. Die aufgeschnittene Masse erinnert an eine Reihe von zerbrochenen Inhalten, die ihre Schichten entlang der Schnittlinien enthüllen.
Diese Brüche der Hülle erlauben dem Inneren und dem Äußeren, sich umzukehren. Man kann das Gebäude entweder als in einen Lichtraum plazierte Körper oder als Lichtkörper, die eine Masse durchtrennen, beschreiben.

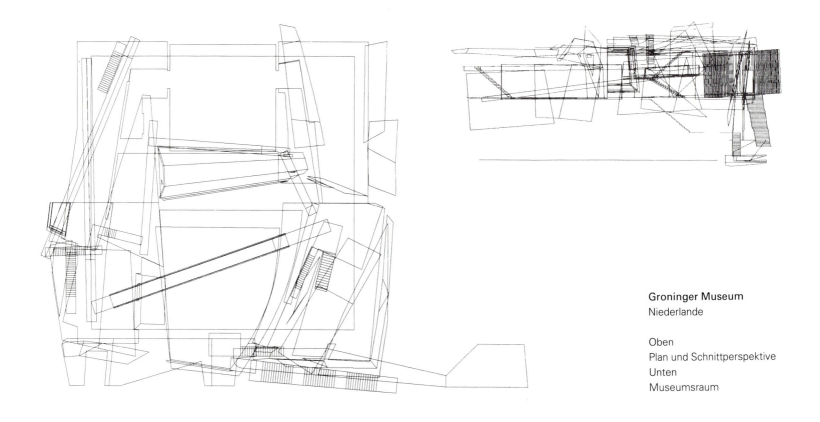

Groninger Museum
Niederlande

Oben
Plan und Schnittperspektive
Unten
Museumsraum

COOP HIMMELBLAU

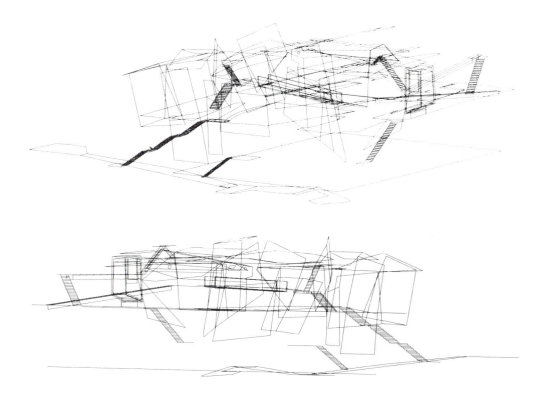

Oben
Computer-Schnittperspektiven
Unten
Anlage des Museums

Nächste Seiten
Südwest-Fassade

ENRIC MIRALLES MOYA

Barcelona, Spanien

Enric Miralles Moya gehört dem Avantgardismus einer neuen spanischen Architektur an, die Strenge und Zurückhaltung der modernistischen Tradition mit Erfindung der Form, der Sinnlichkeit der Materialien und der Sensibilität für den Kontext kombiniert.

Sein Werk will die Grenzen zwischen Architektur und Landschaft aufheben: Das, was Natur ist und das, was vom Menschen geschaffen wurde, verschmilzt und vermischt sich zunehmend.

Neugestalteter Eingang des Bahnhofs in Takaoka, Japan

Mit dem Entwurf des Bahnhofs in Takaoka beabsichtigte man, den Eingang des Ortes mit einem Monument am äußersten Ende der breiten Zufahrt zu signalisieren, die Aufmerksamkeit zu wecken und dem Platz gegenüber vom Bahnhof die Symmetrie zu verleihen, die die Verkehrsgänge hatten verschwinden lassen, die konzipiert wurden, ohne auch nur im geringsten dem Kriterium des Städtebaus Rechnung zu tragen. Der Architekt beschreibt seine Schwerpunkte:

„Die Straße führt zu einem Platz ... Notwendigkeit der Information ... Züge und Serviceleistung... Wir wollten eine Fassade, die das Licht und die städtischen Elemente eines Bahnhofskomplexes mitberücksichtigt (Transfers, Informationstafeln, Telegrafen, Schienen...) wie auch geschützte Zonen, wo man Tickets kauft oder auf einen Bus wartet, vor schlechtem Wetter geschützt."

Meditationspavillon, Unazaki, Japan

Der Meditationspavillon der Schluchten von Unazaki wurde entworfen, um einen traditionellen Ausflugsort noch attraktiver zu gestalten. Eine Brücke, ein kleiner Park und ein alter Pilgerpfad wurden verbunden, um eine Einheit zu bilden mit der bedrängten Landschaft, die sie umgibt.

„Der Schnee, der sich in den Niederungen anhäuft, läßt künstliche Hügel entstehen und später kleine Regenwasserströme... Die durchsichtigen Oberflächen schaffen ein Spiegelspiel mit den Silhouetten der Berge, des Flußwassers, der Fische und der Vögel..."

Linke Seite
Neugestalteter Eingang des Bahnhofs in Takaoka
Japan

Die Perspektive des neugestalteten Eingangs bildet den Mittelpunkt am Ende der breiten Zufahrt. Der Eingang besteht aus einfachen Elementen, Säulen und Schienen, aus elektronischen Anschlagtafeln, die dem Reisenden sämtliche Informationen erteilen, die er benötigt.
Die Leuchtschriften tragenden Aluminiumschienen bilden die Fassade und sind von Stahl- und Betonsäulen gestützt. Gegenüber des Eingangs verdichten sich die Säulen wie in einem Wald. Einige durchbohren die Dächer, die mit Metall oder Glas gedeckt sind.

Ansicht der Schienenstruktur

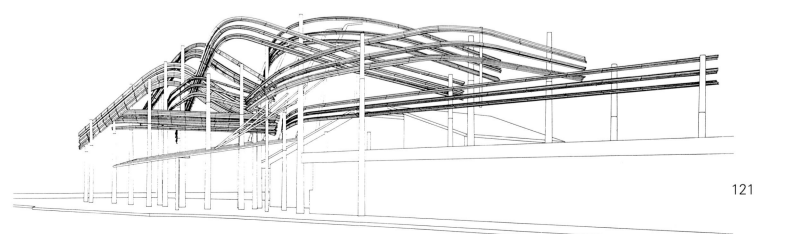

ENRIC MIRALLES MOYA

Meditationspavillon
Unazaki, Japan

Nebenstehend
Gesamtplan

Linke Seite und unten
Ansicht des Pavillons

Der Pavillon ist am steilen Abhang des Berges verankert. Er überragt den Abgrund, gestützt von Pfeilern, die paarweise angeordnet sind. Glas- oder Holzplatten werden von einer Stahlbalkenkonstruktion getragen. Die mit Bambussprossen bedeckten Stahlrahmen bilden eine Wand und verleihen Behaglichkeit. Das Dach, aus Glas und Zinkplatten, ist aus einer bestimmten Zahl von Formteilen gebaut und aus verschiedenen Materialien den Winkeln entsprechend angeordnet.
Die Kriterien der Gestaltung sind:
die beste Plazierung herauszufinden, die beste Route für die Reisenden festzulegen, die Landschaft zu erforschen; die Architektur ist wie die Vorbereitung auf einen Moment der Meditation und des inneren Friedens, das Verwachsen mit einer Landschaft, die fast unberührt ist; der Gegend den größtmöglichen Respekt entgegenzubringen mit einer Analyse vom Geist des Ortes; jeden Umweg zu erforschen; die Änderung des Maßstabs, die auf die Brücke in der Landschaft zurückzuführen ist, zu überprüfen.

FRANKLIN D. ISRAEL

Los Angeles, Kalifornien, USA

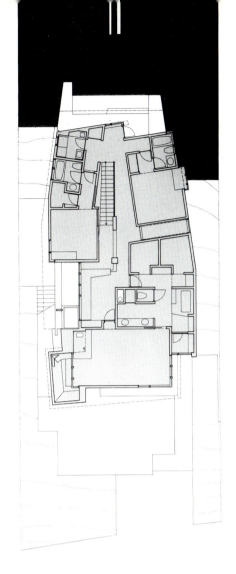

Frank Israel, der aus New York stammt, hat Diplome der Universitäten von Yale und Columbia und den Preis von Rom im Jahre 1973 erhalten. Er führt zunächst ein Nomadenleben als Architekt zwischen einem Studium an der amerikanischen Akademie von Rom und seiner Position als Senior-Architekt bei Llewelin-Davies, einer Agentur für Städtebau, die große Projekte des Shahs vom Iran plant. Nach 1977, „verbannt aus seiner Stadt", begibt er sich ganz selbstverständlich nach Los Angeles. Er unterrichtet dort, interessiert sich fürs Kino, dann, angeregt durch Frank Ghery, kehrt er zur praktischen Architektur zurück um ein Werk zu entwickeln, das mit der Sinnlichkeit der Materialien und den Farben spielt (in einer Tradition nach „angelino"-Art, die Schindler näherkommt als Neutra) und komponiert Objektlandschaften und Miniaturstädtebau, wobei Spannung mit Entspannung abwechselt.

Draeger-Haus, Berkley, Kalifornien, USA

Beim Brand auf den Hügeln von Berkeley wurde 1991 das Haus aus dem Jahr 1926 zerstört, das die Gegend dominiert hatte. Die neue Residenz, die Frank Israel entworfen hat, nutzt die Topographie des Grundstücks optimal; bald an den Hügel geschmiegt, bald in den Abhang gegraben, ist es trotz der größeren Fläche von bescheidenerer Größe als ihre Vorgängerin. Sie verfügt über verschiedene Ebenen, die durch die Terassen und Außentreppen hervorgehoben werden. Frank Israel stellt hier seine Sensibilität in bezug auf den Geist des Ortes in einer freien Interpretation der Architektentradition der Bay von San Francisco unter Beweis. Die Schindeln, die dort vorherrschen, ersetzt er durch Kupferschindeln, womit er Raumvolumen, das sich in Spannung befindet, in eine eigenwillige Geometrie großer trapezförmiger Ebenen einhüllt; diese beschatten die großen verglasten Öffnungen.

Weisman-Pavillon, Brentwood, Kalifornien, USA.

Trotz der Schenkungen, die er während der letzten Jahre gemacht hatte, besitzt Frederick Weisman eine wichtige Sammlung zeitgenössischer Kunst, für deren Ausstellung sein Wohnsitz räumlich nicht mehr ausreiche. So entschied er sich, sie in einem neuen Pavillon unterzubringen, dessen Konstruktion er Frank Israel anvertraute. Dieser hat eine einfache Struktur auf zwei Ebenen entworfen, die in den Abhang des Grundstücks integriert sind.

Die untere Ebene, zugänglich vom Garten unter einer Marquise (die einen Balkon für die Galerie bildet), beinhaltet Lagerräume und Ateliers. Die obere Ebene besteht aus der rechteckigen Galerie und allem, was sich auf Höhe unterhalb eines Daches über zwei Schrägen mit Dachbindern aus sichtbarem Holz befindet.

Seine Begleiter, zwei kleine Meisterwerke, beleben das zurückgesetzte Gebäude: der Marquisen-Balkon, der aus der Fassade über dem Garten zum Vorschein kommt wie ein Raumschiff à la Jules Verne und die Treppe, mit Holz und Metall verziert, die Zugang von der Galerie zum Garten gewährt.

Draeger-Haus
Berkley, Kalifornien, USA

Oben
Plan der dritten Ebene

Linke Seite
Südwest-Ansicht

Unten
Ansicht bei Nacht

Weisman-Pavillon
Brentwood, Kalifornien, USA

Linke Seite
Ansicht des Balkons

Oben
Garten-Fassade
Unten
Die Galerie und die zum Garten
führende Treppe

ERIC OWEN MOSS

Los Angeles, Kalifornien, USA

Eric Owen Moss wurde in Los Angeles geboren, besuchte die Universität von Südkalifornien (UCLA) und eröffnete nach einem Abstecher nach Berkeley und Harvard sein Büro in seiner Geburtsstadt. Wie Frank Gehry besitzt er eine scharfe Empfindsamkeit für Los Angeles, seine lockere Struktur, seinen undeutlichen Zusammenhang, seine verschiedenartigen Materialien. Hier aber hören die Vergleichsmöglichkeiten auf. Frank Gehry hat sich auf eine entspannte (blasierte?) Interpretation der Stadt und ihrer Unvollkommenheit verlegt. Für Owen Moss hat sich der qualitätslose Rahmen der Vorstädte als außergewöhnlicher Kondensator erwiesen. Er wußte alltägliche und sogar unpassende Materialien (brikettiertes Holz oder die Schächte aus lackiertem Ton) einzusetzen und sie mit einer besessenen Genauigkeit in komplexe Geometrien umzusetzen, um zu Formen von überraschender Feinheit zu gelangen.

Samitaur 1, Culver City, Kalifornien, USA

Das Terrain von Samitaur 1 ist zahlreichen Städtebauregeln unterworfen: begrenzte Höhe, ein freier Platz, damit die Lastwagen durchfahren können, das Verbot (aus Sicherheitsgründen wegen der Brandgefahr), sich über in der Peripherie gebaute Häuser hinaus auszudehnen. Diese Städtebauregeln definieren die Grenzen eines rechtwinkligen Blocks, in den der Architekt in der Form von leeren Räumen das eingeführt hat, was er „Anomalien" nennt.

Die beiden wichtigsten Anomalien befinden sich am Eingang und am Ausgang der Straße, die unter der Struktur hindurchführt. Ein Konferenzraum und eine Kombination aus Wohnzimmer und Toilette stellen ebenfalls eine Ausnahme zu der Regel des Blocks dar. Neue stählerne Stützen „tanzen" um alte Schiebetüren, Durchgänge und Fenster. Sie ermöglichen es den bestehenden Gebäuden, wie bisher weiterzufunktionieren.

Samitaur 1
Culver City, Kalifornien, USA
Detail des Modells

Linke Seite
Zwei Ansichten des Modells
Das auf einem Pfahlwerk ruhende Gebäude überspannt die Straße.

Nebenstehend
Axonometrie

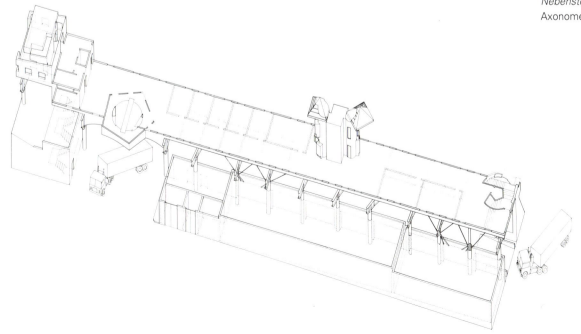

Die Schachtel
Culver City, Kalifornien, USA

Nebenstehend
Plan der Treppen, des Saals und der Dachebene

Rechte Seite
Axonometrie

Die „Schachtel", Empfangs- und Konferenzraum entstand aus einem einzigen Baustoff von einer einzigen Farbe, einem formbaren, fast schwarzen Zement. Das Dach, die Decken, die Innen- und Außenmauern stellen ein und dieselbe Oberfläche dar. Der Empfangsbereich von fast zylindrischer Form geht in das Dach eines hölzernen Lagerhauses über. Elemente des alten Gebälks tauchen aus dem Zylinder auf. Hinter dem Empfangsbereich führt eine Außentreppe zu einer Dachterrasse, die von dem Gebälk gestützt wird und über dem Zylinder schwebt. Dieser Bereich ist aus Glas und erhellt daher den Empfangsraum. Die Außentreppe führt zu einer Tür zwischen den Ebenen zwei und drei und zu einer Innentreppe der „Schachtel", die ihrerseits den Zugang zu dem privaten Konferenzraum ermöglicht.

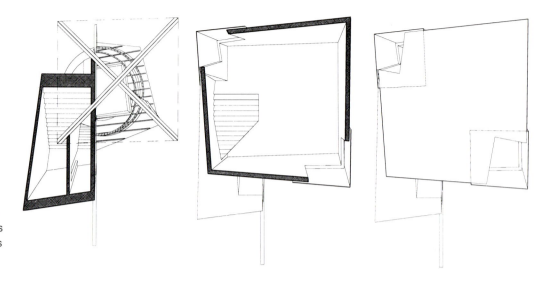

Die Schachtel, Culver City, Kalifornien, USA

Der formelle Ausdruck der „Schachtel", eines privaten Konferenzraums, der in die zweite Ebene einer bestehenden Struktur eingeordnet wurde, ist mit der Diskussion um die einfache rechtwinklige Form verbunden, sowohl als traditioneller Hinweis als auch als verbessertes Objekt als „Wesen" der Schachtel.

ERIC O. MOSS

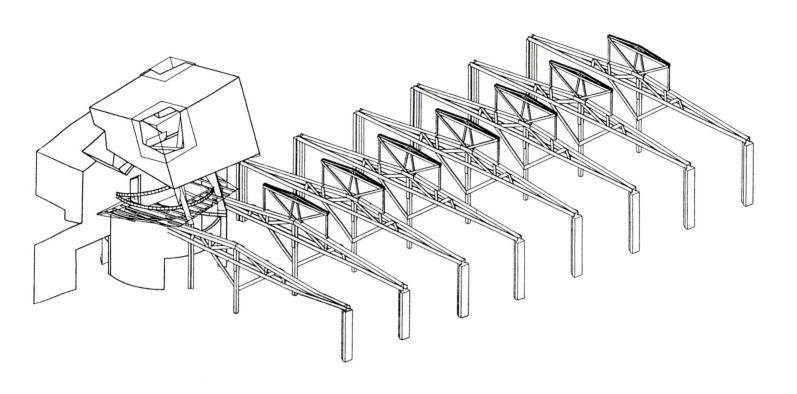

FRANK O. GEHRY

Los Angeles, Kalifornien, USA

In seiner unermüdlichen Erkundung der Formen und Materialien der Architektur seiner Zeit hat Frank Gehry seit dem Beginn der 70er Jahre ein starkes, formenreiches Werk geschaffen und unbekannte Wege beschritten. Sparsamkeit der Mittel, Rückgriff auf ungewöhnliche Materialien, freie Durchführung, einfache und verschobene Geometrien sowie erzwungene Perspektiven kennzeichnen seine ersten Werke in der Gegend von Los Angeles (Studio Ron Davis 1972, Haus Gehry 1978). Für umfangreichere und komplexere Programme führt er eine Fragmentierung durch, die dazu neigt, den Maßstab zu zerstören, um zu Anhäufungen von „kleinen Gebäuden aus einem Stück" zu gelangen (Juristische Fakultät Loyola von Los Angeles).

Sein internationaler Ruf führt ihn nach Europa, wo er für Vitra in der Nähe von Basel ein Museum mit beinahe expressionistischen Zügen baut. Mit dem Frederick Weisman-Museum in Minneapolis hat er ein neues Kapitel in seinem Werk aufgeschlagen, ein Kapitel, das er gerne mit den „papiers découpés" von Matisse vergleicht.

Weisman-Kunstmuseum, Minneapolis, USA

Das Kunst- und Bildungsmuseum der Universität von Minnesota ist dazu bestimmt, eine verbindende Rolle auf dem Universitätsgelände zu spielen, das sich an beiden Ufern des Mississipi ausdehnt. Am Ende der Brücke der Washington Avenue gelegen, ist es mit ihr direkt durch eine Fußgängerbrücke verbunden.

Das Museum entwickelt sich logisch aus diesen Vorgaben: Galerien, Auditorium und ständige Sammlungen auf der Hauptebene, auf gleicher Ebene wie die Fußgängerbrücke; Dienstleistungen, Lagerung, Werkstätten, und Parkplätze auf den unteren Ebenen; Leitung, Verwaltung im „Turm" aufgestapelt, der sich oberhalb der Galerien erhebt.

Gehry betrachtet das Licht mit neidischer Sorgfalt vermischt natürliches und künstliches Licht. Hier kommt das natürliche Licht aus drei „Kaminen", die sehr genau und so berechnet sind, daß kein Sonnenstrahl auf die Gesimsleisten trifft. Das erklärt den unruhigen Eindruck des Gebäudes in seinem Umriß und bei zwei Fassaden: eine Unausgeglichenheit, die noch durch die großen Facetten aus glänzendem, nicht oxidierbarem Stahl verstärkt wird, und die dem anderen Ufer und der Stadt ein freundschaftliches Zeichen gibt.

Guggenheim-Museum, Bilbao, Spanien

Für das Guggenheim-Museum in Bilbao sollten die Proportionen und das Gefüge der Stadt sowie die traditionellen Baumaterialien am Flußufer respektiert werden. Das Dach mit seiner wie gemeißelt anmutenden Form verbindet die verschiedenen Gebäude untereinander. Der imposante Maßstab des zentralen Atriums ist dazu bestimmt, spezielle monumentale Präsentationen und besondere Veranstaltungen zu beherbergen. Mit leistungsstarken Computern und einer soliden Datenbank ausgestattet, berücksichtigt das Museum schon jetzt eine zukünftige elektronische Kunst und medienspezifische Vorstellungen.

Linke Seite
Weisman-Kunstmuseum,
Minneapolis, USA
Die Galerien

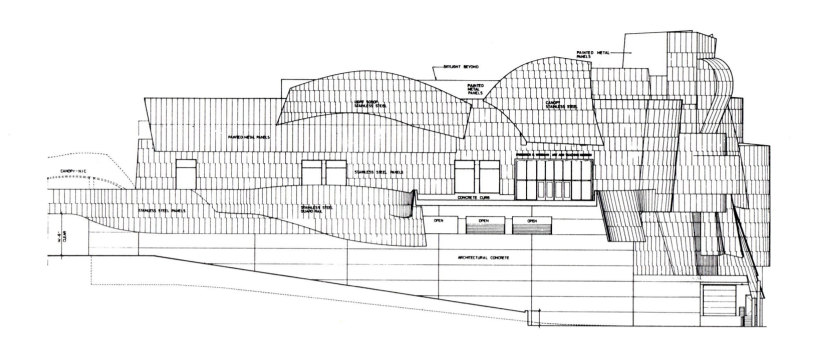

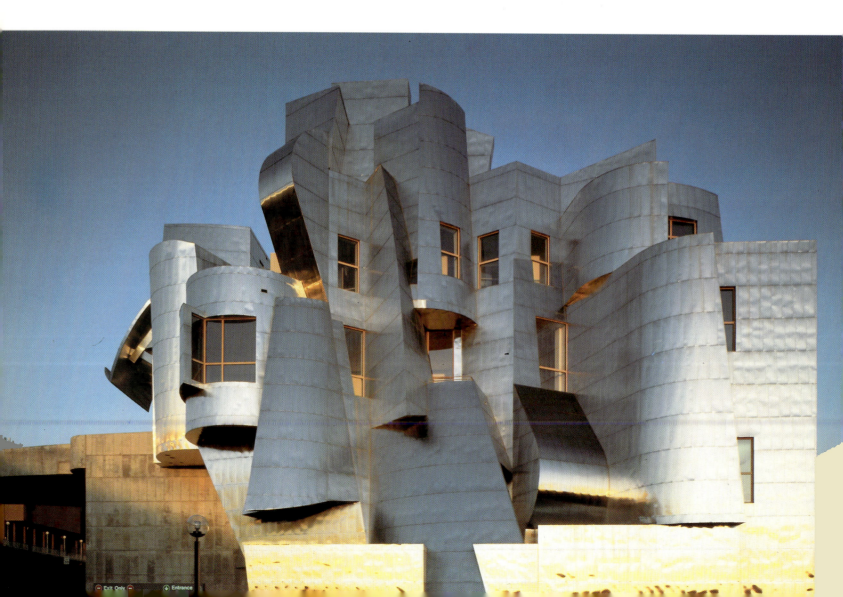

FRANK O. GEHRY

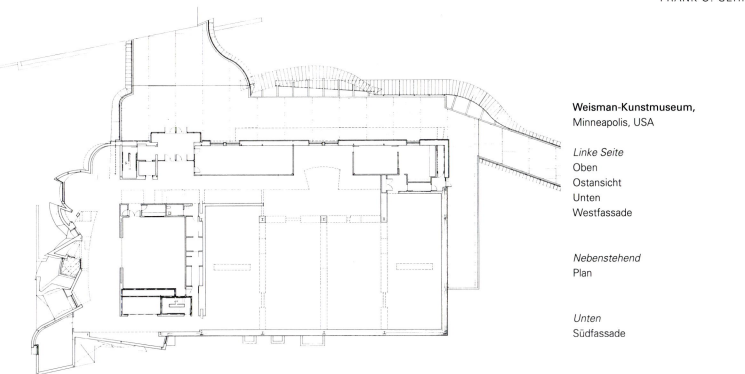

Weisman-Kunstmuseum,
Minneapolis, USA

Linke Seite
Oben
Ostansicht
Unten
Westfassade

Nebenstehend
Plan

Unten
Südfassade

Guggenheim-Museum
Bilbao, Spanien

Oben
Plan der Bedachung
Unten
Blick von der Fassade auf den Fluß

Rechte Seite
Oben
Plan des Erdgeschosses
Unten
Allgemeine Ansicht des Modells

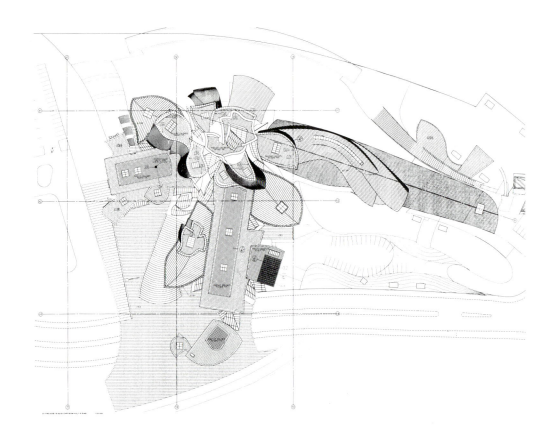

FRANK O. GEHRY

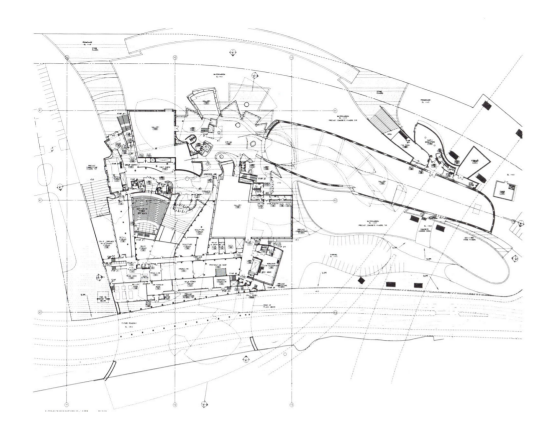

4. EINE ZWEITE NATUR

*„Ich meine, man sollte hier Berge aufstellen.
Von wo sollten die Leute sonst herunterfallen?
Wie wäre es, wenn man eine Treppe hinzufügte?
Yodellayheehoo."*
Laurie Anderson

Seit dem Jahrhundert der Aufklärung belastet der Verlust der Natur das Gewissen des neuen Bürgers. Eine Natur, deren Herbheit und Gefahren vergessen werden zugunsten eines idyllischen Bildes der ursprünglichen Harmonie, der Sehnsucht nach dem verlorenen Paradies oder eines Arkadien, das man in einer befriedeten Beziehung zwischen dem Menschen und den Elementen wiederfindet.

Die schnell wachsende Verstädterung am Ende unseres Jahrhunderts hat dieses Gewissen wieder wachgerüttelt. Für den Architekten, einen Menschen der Wirklichkeit, haben diese durch den Umweltschutz neu erweckten Sorgen (wieder) eine pragmatische Wendung genommen, die sich in zwei entgegengesetzten Formen ausdrückt:

– entweder in der Erneuerung der (gefährdeten) Beziehung zwischen Natur und menschlicher Einrichtung: Man führt Natur in die Stadt ein.

– oder in einer Befragung über die wirkliche Natur der Natur (und folglich des Kunstgriffs) mit klaren Fragen, die von den Anhängern einer „scheinbaren Wirklichkeit" gestellt werden. „Immerhin", gesteht Itsuko Hagesawa, „haben alle vom Menschen geschaffenen Artefakte die Natur als Ursprung". ∎

Linke Seite
Werkstatt in Tomigaya
Japan
Itsuko Hasegawa

EMILIO AMBASZ

New York, USA

Emilio Ambasz ist sowohl als Designer als auch als Architekt sehr bekannt. Sein ganz spezieller Zugang entsteht aus dem Interesse, das er der Natur der Materialien entgegenbringt, und aus seiner Neuinterpretation der natürlichen Umwelt durch die Technologie. Seine Tendenz, Objektserien zu entwerfen, die stark definiert, technologisch hochentwickelt und unter sich durch einen erzählerischen Faden verbunden sind, zeigt, daß er durch seine Arbeiten als Schöpfer von Produkten beeinflußt ist. Aber seine charakteristische Art, die Besitzergreifung eines Bodens als dreidimensionalen Raum für sich zu erforschen, ist spezifisch architektonisch.

Die grünen Städte: Umweltschutz und Architektur
Essay

Eine grüne Stadt ist eine Architektur, die vom Menschen in Harmonie mit der Natur und der Erde gemacht wurde, und die einen Raum für die Menschen schafft, der das Zusammenleben begünstigt. Eine der großen Traditionen des Städtebaus, die gegen Ende des 19. Jahrhunderts entstand, ist die Schöpfung der Gartenstädte. Ebenezer Howard ist der bemerkenswerteste dieser Pioniere. Seine Gartenstädte gingen den Vorortgemeinden, die London einschließen, voraus und gaben ihnen ein Beispiel. Später führten Bewegungen, die von denselben Sorgen getrieben wurden, diese Formel in den Vereinigten Staaten ein. Es sind natürlich modifizierte Versionen des britischen Modells, die sich aus einer größeren Verfügbarkeit des Bodens und aus dem Beginn der Zivilisation des Automobils ergaben. Ihrem Wesen nach kündigten sie den amerikanischen Vorort an, so wie wir ihn jetzt kennen.

Seit einiger Zeit wächst das Interesse für ein neues amerikanisches Phänomen, das „Saumstädte" getauft wurde: neue vorstädtische Gemeinden, die mit all ihren Merkmalen am Rand von größeren Städten gewachsen sind, auf politischer Ebene völlig autonom, dazu in der Lage und häufig danach bestrebt, ihren älteren Nachbarn die Vorherrschaft streitig zu machen. In allen Fällen sind die Vor- und Saumstädte Versuche, städtische Lösungen zu finden, die auf geistiger Ebene ebenso befriedigend sind wie auf wirtschaftlicher. Keines der vorgeschlagenen Modelle konnte bisher voll überzeugen. Noch schlimmer ist: Wir haben den offenkundigen Beweis dafür, daß Städte, die von Null ausgehend geschaffen wurden, um Hauptstädte zu werden, wie Brasilia oder Ahmedabad, aufsehenerregende Fehlschläge darstellen. Nur die unermeßlichen Anpassungsmöglichkeiten des Menschen ermöglichen es ihnen, hier mühselig zu überleben.

Man muß also neue Modelle erfinden. Die jetzigen elektronischen Mittel ermöglichen es, daß eine Vielzahl von Berufen zu Hause oder in Satellitenbüros ausgeübt werden kann, ohne daß man in den Firmen anwesend sein muß. Dementsprechend müssen sich die Firmen nicht mehr in den großen Städten niederlassen, um über ein Reservoir von Talenten zu verfügen, denn dieses dehnt sich jetzt über die ganze Nation aus. Es geht keineswegs darum, den Gedanken zu unterstützen, daß jede beliebige

Linke Seite
Entwurf für das Haus von Leo Castelli

soziale Gruppe außerhalb jeglichen direkten körperlichen Kontakts gedeihen könnte; wenn man von dieser Vorstellung ausginge, würde es einem an Weisheit mangeln, aber es ist auch richtig, daß man die körperlichen Kontakte auf produktive Weise organisieren und sie auf das Notwendige beschränken kann, so daß sie nicht nur das Ergebnis der Nähe sind.

Idealerweise müßte eine neue Stadt mit einer Bevölkerung von zehn- bis dreißigtausend Einwohnern zu funktionieren beginnen, jener kritischen Menge, die nötig ist, damit eine gewisse Anzahl von sozialen Aktivitäten stattfinden kann.

Wir schlagen eine grüne Stadt vor. Es gibt Vorstädte, in denen sich die Häuser inmitten eines Gartens erheben. Wir schlagen vor, über dieses Schema hinauszugehen und das Haus und den Garten zu haben. In bestimmten aufgeklärten Ländern versuchen intelligente Gesetze „das Grüne, das das Grau umgibt" zu fördern, also Gärten, die Gebäude umgeben. Die Kühnheit unseres Vorschlags liegt darin, daß wir „Grünes über das Graue hinaus" machen wollen. Ich habe die letzten fünfundzwanzig Jahre meines Berufslebens damit verbracht, Gebäude vorzuschlagen, die der Gemeinschaft soviel „Grün" wie möglich zurückgeben würden. In bestimmten Fällen konnte ich hundert Prozent des Bodens zurückgeben, in Form von Gärten, die dieselbe Oberfläche einnehmen wie das Gelände, auf dem die Gebäude stehen.

Ein Gebäude dieser Art sollte der ganzen Gemeinschaft zur Verfügung stehen, und von allen Mitgliedern genauso genutzt werden wie von denen, die speziell dafür zahlen. Die architektonische Formel, „das Grüne auf das Graue zu setzen", oder „das Zarte auf das Harte", ist eine einfache und doch tiefgehende Art, einen neuen Städtebau zu schaffen, der die Bürger nicht dem pflanzlichen Bereich entfremdet, sondern der vielmehr eine Architektur schafft, die eng mit dem Grün und der Natur verschachtelt ist.

Ich arbeite seit zwanzig Jahren detailliert an diesem Konzept. Ich begann damit, einen „Katalog" zu entwerfen, eine typologische Musterkollektion der unterschiedlichen Arten von Gebäuden, die nötig sind, um den verschiedenen Anforderungen einer neuen grünen Stadt gerecht zu werden. Diese Gebäude wurden nach dem Prinzip des „Grünen auf dem Grauen" entworfen, mit dem Gedanken, soviel wie möglich von dem Boden, der von dem Gebäude eingenommen wird, zurückzugeben. Einige dieser Gebäude wurden gebaut, andere noch nicht, hauptsächlich wegen der aktuellen wirtschaftlichen Rezession.

Das Konzept der grünen Städte ist für ein Land wie Japan eine einmalige Gelegenheit, auf seine Weise auf das Problem der Verstädterung der Gesellschaft in dem Augenblick zu reagieren, in dem es von einer Wirtschaft des sekundären und tertiären Typs auf eine quartäre Wirtschaft übergeht, die also von der Schöpfung und Nutzung der Informationen bestimmt wird.

Historisches Museum von Phoenix, Arizona, USA

Das historische Museum von Phoenix – Pilotprojekt eines ehrgeizigen Wiederbelebungsprogramms – gibt der Stadt ebenfalls einen Großteil des Geländes zurück, das ihr ein traditionellerer Plan genommen hätte. Dreieckige Mauerabschnitte, die dieselbe Rolle wie die Strebepfeiler aus der einheimischen Architektur (adobe) haben, springen in dem zentralen Hof hervor und sparen Öffnungen aus, die es dem Licht ermöglichen, den der Galerie vorbehaltenen Raum zu überfluten. Die beiden Seitenwände stoßen in einer runden Halle von doppelter Höhe aufeinander, in der die Besucher das Gefühl haben, tief in die Erde einzudringen.

Rechte Seite
Historisches Museums von Phoenix
Arizona, USA
Ansicht des Modells

EMILIO AMBASZ

Internationale Präfekturhalle von Fukuoka, Japan

Der Bauplan der internationalen Halle von Fukuoka verlängert einen bestehenden Park durch eine Reihe von terrassenartigen Gärten niedriger Erhebung, die sich an der Südflanke des Gebäudes auf seiner ganzen Höhe hinaufziehen, um in einer Aussichtsplatte zu gipfeln, die eine spektakuläre Aussicht auf den Hafen bietet. In dieser Struktur arbeiten Gärten und Gebäude zusammen, um der Stadt das Gelände, das sie einnehmen, zurückzugeben, indem sie die Größe des bestehenden öffentlichen Platzes verdoppeln und gleichzeitig der Stadt Fukuoka ein spektakuläres und symbolisches Zentrum geben.

Worldbridge Trade and Investment Center, Baltimore, Maryland

Das Wordlbridge Trade and Investment Center umfaßt einen Bürokomplex, der das Ergebnis einer vom Boden bestimmten Erhebung zu sein scheint, und eine Ausstellungshalle, die aus einem sorgfältig bearbeiteten Hohlraum besteht. Das Ganze ist aus einer stufenartigen Aufeinanderschichtung von Platten organischer Form zusammengesetzt. In dem Bürokomplex werden Gärten kultiviert, in denen sich die Platten überlagern. Das monumentale Atrium – ein Kegelstumpf – wird auf spektakuläre Weise von oben durch ein oculus beleuchtet. Am Fuß des Innenraums öffnet sich eine zwei Etagen hohe Ausbuchtung auf eine Landschaft, die aus Felsen, bewegten Wassern und einer üppigen Vegetation besteht. Die versteckte Ausstellungshalle vermittelt dank einer selektiven Verwendung der Vegetation und der Einführung des Tageslichts durch ihr hohes Zentrum den Eindruck von Raum.

Folgende Seiten

Links oben
Internationale Präfekturhalle von Fukuoka
Japan
Ansicht des Modells
Links unten
Schnitt

Rechts oben
Worldbridge Trade and Investment Center
Baltimore, Maryland
Ansicht des Modells
Rechts unten
Schnitt

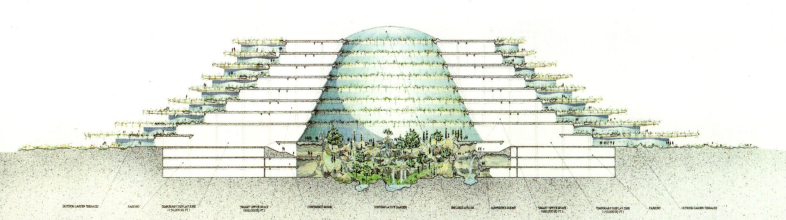

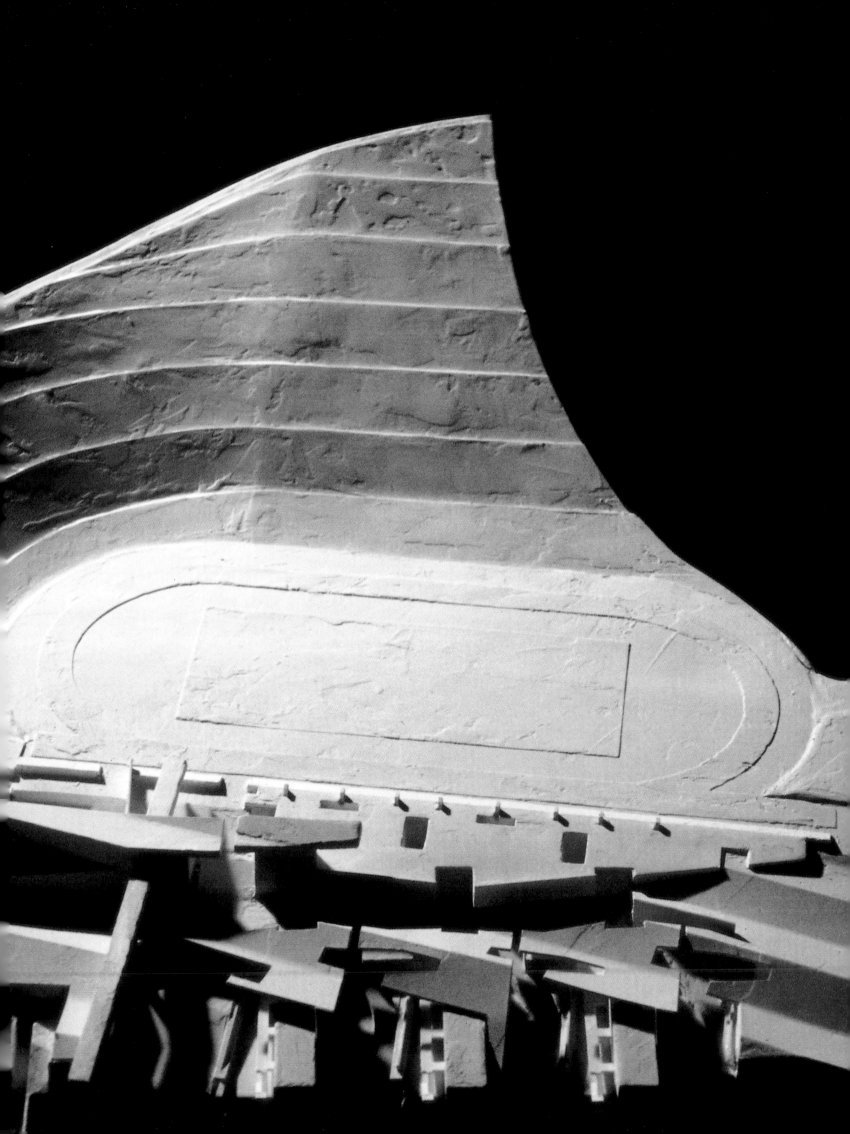

MORPHOSIS

Los Angeles, Kalifornien, USA

Morphosis wurde 1974 von Thom Mayne und Michael Rotondi gegründet und wird heute von Thom Mayne allein geleitet. Es gehört zu einer architektonischen Landschaft von Los Angeles, die auf ein spezielles städtisches Umfeld reagiert und versucht, neue Verbindungen zwischen dem Menschen und der Natur zu schaffen. Seine Arbeit wurzelt in Formen, in denen sich Anspielungen auf die dekonstruktivistische Ästhetik und eine starke Empfänglichkeit für das Theater finden, wie es das Restaurant *Kate Mantilini's* und die unterirdische Erweiterung des Krankenhauses von Cedars Sinai bezeugen.

Das Gymnasium von Diamond Ranch, Pomona, Kalifornien

Das Gymnasium von Diamond Ranch legt Zeugnis ab von dem Wunsch, sich die natürliche Schönheit des Ortes zunutze zu machen, indem die Sportplätze und die Gebäude in die umgebenden Hügel integriert werden. Das Ziel ist, einen dynamischen bebauten Rahmen zu schaffen, der auf maximale Weise die sozialen Interaktionen zwischen Schülern, Lehrern, Verwaltungsangestellten und der örtlichen Gemeinde fördert. Eine flexible Lernatmosphäre soll ebenfalls eingeführt werden.

Das Ziel war es, ein Gebäude zu schaffen, das „mit dem Ort eins" und nicht „auf den Gipfel des Ortes" gestellt zu sein scheint. Indem es die Topographie mit Hilfe der Sportplätze, der öffentlichen Plätze und einer kontinuierlich gewellten Oberfläche neu entwarf, versuchte Morphosis, eine zusammenhängende Gesamtheit von Gebäude/Landschaft zu schaffen. Ebenso integriert sich das Gebäude durch Höfe und eine Fußgängerzone, die die Interaktionen fördern und die Flexibilität innerhalb der pädagogischen Gemeinschaft begünstigen. Das Projekt erweist sich auch auf konkrete Art als ein Mittel zur Erhaltung der Natur.

Linke Seite
Gymnasium von Diamond Ranch
Pomona, Kalifornien, USA
Ansicht des Modells

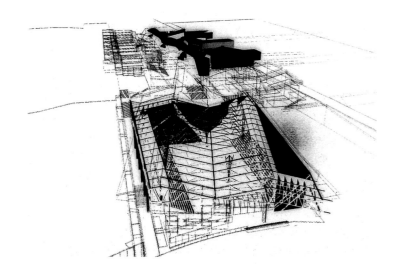

Computerperspektive

Gymnasium von Diamond Ranch
Pomona, Kalifornien, USA
Perspektiven (Synthesebilder)

Rechte Seite
Das Modell

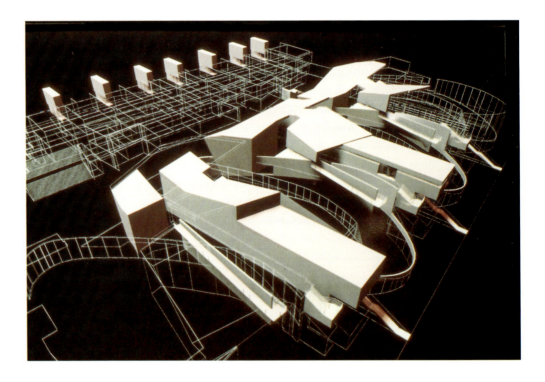

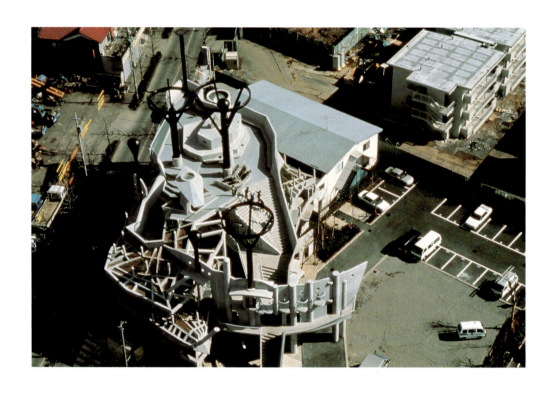

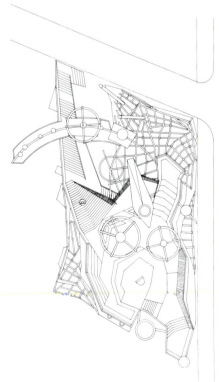

MASAHARU TAKASAKI

Tokio, Japan

Die Reaktion Masaharu Takasakis auf das visuelle und strukturelle Chaos der japanischen Städte besteht darin, die Kräfte der Natur anzurufen, ohne sich, und sei es auch nur von weitem, an den „organischen" Ideen zu inspirieren, mit denen der Westen spielt. Seine Gebäude sind Konstruktionen von einer hohen Komplexität, in gegossenem Metall und Glas ausgeführt, hier und da mit einem vorspringenden Holzelement, das die Natur vollkommen einbezieht. Masaharu Takasaki nimmt für die Architektur eine soziale Rolle in Anspruch: Sie ist eine öffentliche Kunst, die dazu neigt, „die Individuen dazu zu veranlassen, ihre Vision des Kosmos, der Natur, und ihrer selbst zu realisieren".

Erdarchitektur, Tokio, Japan

Dem Projekt Erdarchitektur gingen hochentwickelte psychologische Studien voraus, so daß die geschaffenen architektonischen Räume das Ergebnis detaillierter Überlegungen über die Art, „offene Bereiche" und „geschlossene Bereiche" zu kombinieren, sind, damit Trennungen und Begegnungen erleichtert werden und ein Gleichgewicht zwischen Symbiose und Unabhängigkeit der Individuen beibehalten wird, zugunsten der Qualität ihrer persönlichen Beziehungen und ihrer vielfältigen Aktivitäten.

Die Anlage geht im Westen auf den Berg Fuji. Der Anblick des Bergs, spirituelles Symbol der Ewigkeit, ist in die Architektur einbezogen, um von den Bewohnern und der benachbarten Gemeinschaft geteilt zu werden; das Bewußtsein der Notwendigkeit der Symbiose zwischen beiden Gruppen wird also verstärkt.

Die Erdarchitektur ist wie ein Berg mit einem Boden und einer Vegetation. Die „Plaza des Himmels" ist für die Gemeinschaft offen, um den Willen der Bewohner zu verdeutlichen, öffentliche Räume zu teilen. Keine Einheit besteht aus einer konventionellen Aufteilung: Es werden nur offene Räume mit Basisinstallationen angeboten.

Erdarchitektur
Tokio, Japan

Linke Seite
Oben
Luftbild des Komplexes
Unten
Verkehrsflächen des oberen Teiles
Links
Plan der Anlage

Nebenstehend
Südansicht

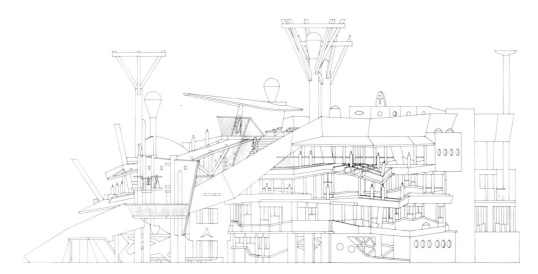

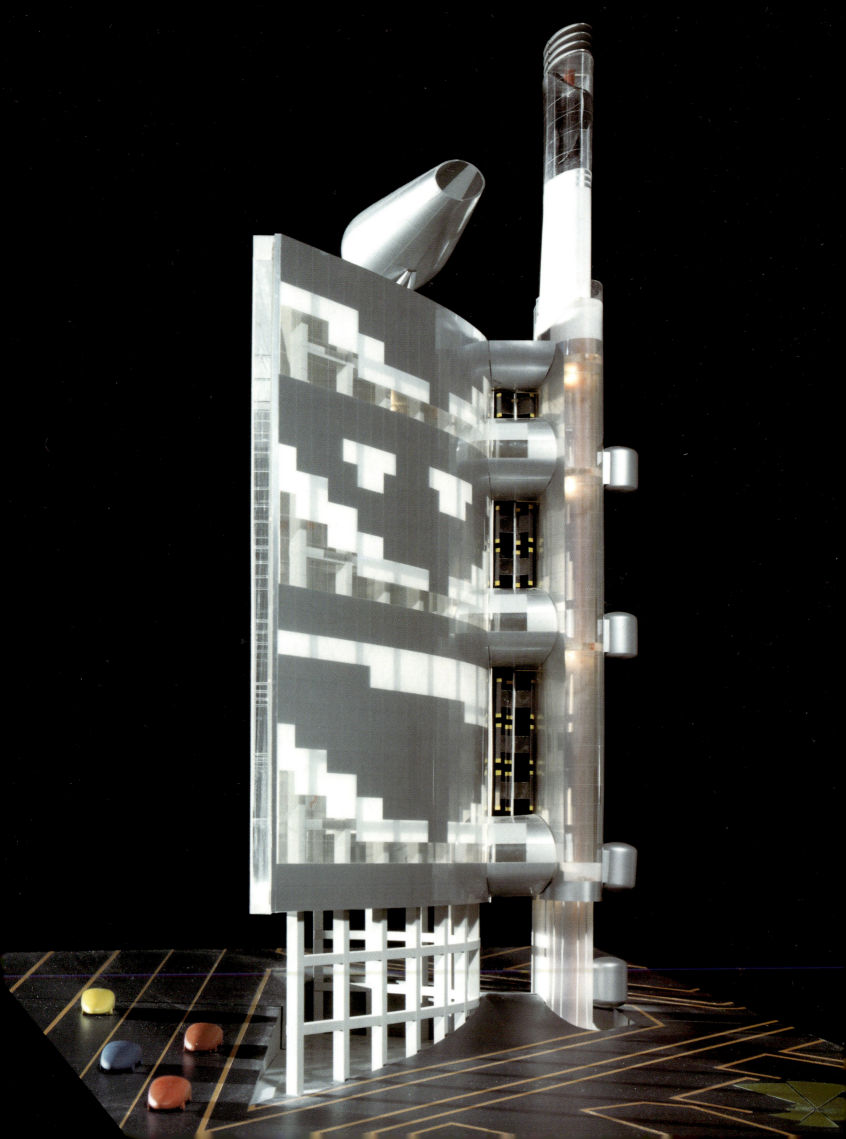

SIR RICHARD ROGERS

London, Großbritannien
Tokio, Japan

Sir Richard Rogers wurde durch das Centre Pompidou bekannt, das er mit Renzo Piano baute, und hat eine internationale Karriere verfolgt, mit großen Projekten und Ausführungen in Europa, den Vereinigten Staaten und in Japan. Er ist der energischste der sogenannten „High-Tech"-Architekten, wie es eines seiner Meisterwerke bezeugt, das Lloyd's von London. Er ist auch derjenige, der sich mit der größten Hartnäckigkeit und Regelmäßigkeit der Frage des Städtebaus gewidmet hat. Seit einigen Jahren beschäftigt sich Rogers besonders mit der Lösung der Fragen nach der Kontrolle des Lichts und des klimatischen Umfelds seiner Gebäude, er liegt auf der Lauer nach den ständigen Fortschritten der Automatisierung und der Computersteuerung, aber auch nach dem Auftauchen neuer Materialien.

Die Architektur der Zukunft
Essay

Ich versuche, eine Architektur zu entwickeln, die die Beschleunigung der sozialen, technischen, politischen und wirtschaftlichen Veränderungen ausdrückt und herausstreicht; eine Architektur aus Beständigkeit und Veränderung, wo städtische Vitalität und wirtschaftliche Dynamik stattfinden, und sich die Entwicklung und die Überschneidung der Funktionen widerspiegeln; das Gebäude als Form des kontrollierten Zufalls, dazu in der Lage, auf komplexe Situationen und Beziehungen zu reagieren. Eine solche Architektur kann man schon erreichen, indem man in den Gebäuden die für eine lange Nutzungsdauer bestimmten Räume von den Räumen unterscheidet, die auf eine sich entwickelnde und vorübergehende Weise dienen.

Die Erfindung einer Architektur, die die neuen Technologien übernimmt, geht von dem Bruch mit der platonischen Idee einer statischen Welt aus, die sich als perfektes „Fertigprodukt" ausdrückt, dem man weder etwas hinzufügen noch wegnehmen kann, ein Konzept, das die Architektur seit ihren Ursprüngen beherrscht hat. Schelling beschrieb die Architektur als versteinerte Musik: die unsrige wäre dem Jazz näher, der modernen Musik und Poesie, in der die Improvisation eine Rolle spielt; eine unbestimmte Architektur, die gleichzeitig Dauer und Verwandlung enthalten würde.

Man kann beispielsweise schon vorhersagen, daß sich in der Zukunft die besten Gebäude in einer dynamischen Interaktion mit dem Klima befinden werden, um den Bedürfnissen der Benutzer besser gerecht zu werden und die Energie auf optimale Weise zu nutzen. Mehr Roboter als Tempel, verlangen diese Erscheinungen mit den „chamäleonartigen" Oberflächen nach einer neuen Art, über die Kunst des Bauens nachzudenken. Die Architektur ist keine Frage der Masse und des Volumens mehr, sondern der leichten Strukturen und der übereinandergelagerten durchsichtigen Schichten, die dazu neigen, die Konstruktion zu entmaterialisieren.

Bis jetzt – und ich beziehe hier den Beginn des Modernismus ein – haben sich die architektonischen Konzepte auf eine lineare, statische, hierarchische und mechanische Ordnung begründet. Wir wissen heute, daß eine offene Architektur mit sich decken-

Linke Seite
Turm der Turbine
Tokio, Japan
Ansicht des Modells

den Systemen die auf einer linearen Denkweise beruhende Vorstellung überwinden muß. Dieser systemische Ansatz ermöglicht es, die Welt als ein unteilbares Ganzes zu begreifen. In der Architektur wie in anderen Bereichen neigt man zu einem ökologischen Ansatz.

In der Architektur ersetzen die unsichtbaren Systeme der Mikroelektronik und der Biotechnologie die industriellen mechanischen Systeme. Wir werden bald in einer so „ent-mechanisierten" Welt leben, daß Gebäude wie das von Lloyd's in London, das immerhin als innovativ angesehen wird, veraltet und unmodern erscheinen werden. Gebäude, Stadt und Bürger werden einen unteilbaren Organismus bilden, der von einem Strukturrahmen geschützt wird, der vollkommen angepaßt ist und sich ständig wandelt. Pfosten, Balken, Platten und andere Strukturelemente werden einer Kontinuität ohne Trennlinie weichen. Diese mobilen, entwicklungsfähigen Roboter werden viele Eigenschaften der lebenden Systeme haben: Sie werden interaktiv und selbstregulativ sein und sich dank einer elektronischen und bio-technologischen Selbstprogrammierung ständig anpassen. Der Mensch und sein Obdach, seine Nahrung, seine Aktivität und seine Freizeitbeschäftigungen werden miteinander verbunden und voneinander abhängig sein, um eine ökologische Symbiose zu erreichen.

Unsere Beziehung zu isolierten Objekten wird verschwinden, um die Verbindungen der Dinge untereinander zu fördern. Unsere Unterkünfte werden keine statischen Gegenstände mehr sein, sondern dynamische Gerüste, die ständig durch Veränderung und Anpassung reagieren. Die Städte werden in der Zukunft nicht mehr in isolierte Ghettos aufgeteilt sein, die einer einzigen Aktivität gewidmet sind. Leben, Arbeit, Handel, Unterricht, Freizeit werden sich überschneiden, geschützt von kontinuierlichen, variablen und sich verändernden Strukturen.

Für die architektonischen Strukturen werden die Reaktionssysteme, die sich wie die Muskeln eines Körper bewegen, danach streben, die Masse auf ein Minimum zu begrenzen, indem sie die Belastungen und die Kräfte messen, mit Hilfe eines elektronischen Nervensystems, das die Veränderungen der Umwelt spüren und die individuellen Bedürfnisse aufnehmen kann.

Heute kontrolliert die automatische Steuerung in einem Flugzeug mehrere Male pro Sekunde alle Funktionen und alle Umweltparameter. Somit können die Kontrollsysteme des Apparats ständig angepaßt und geändert werden, damit die optimalen Flugbedingungen und der beste Komfort für die Passagiere erreicht werden. Die Zukunft ist da: Der Einfluß auf die Architektur ist erst seit kurzem spürbar.

Michael Davis, einem meiner Partner, verdankt man diese Beschreibung des zukünftigen Lebens eines interaktiven Gebäudes:

„Stellen Sie sich eine Hülle vor, die vom Spektrum der Farben überzogen ist, und deren Oberfläche die Topographie ihrer momentanen Aktivität ist, die der Luft mit einer einzigen irisierenden Welle ihre Energie entzieht, die ihre lichtempfindlichen Sensoren Wellen schlagen läßt, wenn eine Wolke die Sonne verdeckt, eine Mauer, die in der Kühle der Nacht ihre Federn aufplustert, und die, auf der Nordseite ins Weiße und auf der Südseite ins Blaue spielend, die Augen schließt ohne zu vergessen, dem elektronischen Portier ein kleines Licht zu schicken und eine Ansicht seiner Südfassade für die Liebenden der Ebene 22 zu bewahren, und sich genau vor dem Morgengrauen zu zwölf Prozent silbrig zu machen."

Es entspricht nicht dem guten Geschmack, Wirtschaft, Konsum und Kultur miteinander zu verbinden noch zu sagen, daß es heute das Finanzsystem ist, das die Künste seinen Gesetzen unterwirft. Ich bin dennoch fest davon überzeugt, daß eine kulturelle Erneuerung, die die Architektur mit einbezieht, das Gleichgewicht zwischen dem Kapital, der Arbeit, dem Planeten und seinen Armen neu definieren muß.

Ich gestehe meinen Widerstand gegenüber dem jetzigen wirtschaftlichen Ausbeutungssystem ein und meinen unumstößlichen Glauben an die Idee, daß eine globale Gemeinschaft, in der Kunst und Wissenschaft dem Gemeinwohl dienen würden, die schönste Errungenschaft des menschlichen Geistes darstellen würde.

SIR RICHARD ROGERS

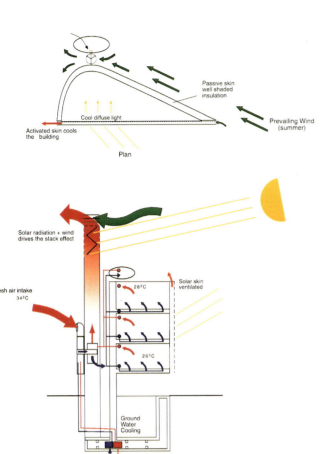

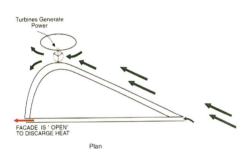

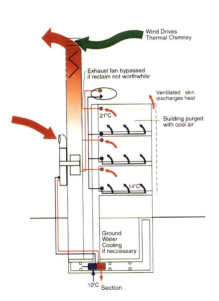

Turm der Turbine
Tokio, Japan
Ansicht des Modells

Nebenstehend
Oben
Plan und Schnitt
Sommertage: die warme Luft wird durch das Reservoir im Untergeschoß mit Hilfe eines thermischen Austauschsystems vorgekühlt. Die Temperatur wird weiter reduziert, wenn sie durch die kalten Betonfliesen in die Säle gelangt. Die verbrauchte Luft wird mit Hilfe der Sonne und des Windes angesaugt. Wenn sie durch das thermische Austauschsystem geht, reduziert sie die Temperatur und die Feuchtigkeit der eintretenden Luft. Der Hohlraum mit zwei Hüllen der Südfassade fängt die Sonnenwärme auf und verteilt sie durch die Ventilation.

Unten
Plan und Schnitt
Sommernacht: die Betonstruktur wird durch einen forcierten Luftzug der kalten Nachtluft abgekühlt. Mitten im Sommer beträgt die Temperatur der Nachtluft dennoch 20° C und muß durch das Wasser des Reservoirs im Untergeschoß abgekühlt werden. Falls nötig, wird im Laufe des Sommers die ansteigende Temperatur des Wassers im Reservoir über Strom kontrolliert. Die Energie wird von Turbinen erzeugt.

Turm der Turbine, Tokio, Japan

Für den Turm der Turbine von Tokio wurde ein spektakuläres Monument gefordert, das die unendliche städtische Landschaft der Umgebung dominieren sollte. Das Klima ist dort extrem, im Winter kalt, im Sommer unangenehm heiß und feucht. Die Hauptperipheriestraße Tokios führt an der Südflanke vorbei.

Das Gebäude strebt danach, einfache Prinzipien mit der Spitzentechnologie zu verbinden, mit der Idee, eine brillante und optimistische Architektur zu haben, aber auch soviel Nutzen wie möglich aus der Umwelt und den Möglichkeiten, sie zu beherrschen, zu ziehen. Man hat im Windkanal die Möglichkeit untersucht, den Wind zu beschleunigen, wenn er durch das Zentrum des Zentralgebäudes bläst, um eine Turbine anzutreiben, die den Turm mit Elektrizität versorgt. Die per Computer errechneten Voraussagen ermöglichten es, das zu schaffen, was sich als flüssige und dynamische, selbstgenügsame Architektur erweist.

Finanzamt, Nottingham, Großbritannien

Das neue Finanzamt von Nottingham ist ein Gebäude, das wenig Energie benötigt und so entworfen wurde, daß es auf natürliche Weise belüftet wird; der Rohbeton mildert die Innentemperatur, und das Wasser trägt während der sommerlichen Hitze zur Kühlung bei. Brunnen schaffen in dem offenen Atrium einen klangvollen, frischen Hintergrund. Der Energieverbrauch ist um dreißig Prozent niedriger als bei einem herkömmlichen Gebäude.

Richtplan von Parc Bit, Mallorca, Spanien

Der Richtplan sieht die Schaffung von drei kleinen unabhängigen Gemeinden vor. Ein gleichmäßiger Zyklus von Aktivitäten verteilt sich über den Tag und die Woche, um eine städtische Gemeinschaft, die den ganzen Tag über funktioniert, und eine ständige öffentliche Aktivität das ganze Jahr über zu schaffen.

Rechte Seite
Finanzamt von Nottingham, Großbritannien
Zwei Ansichten des Modells

Unten
Ansicht des Schnittes

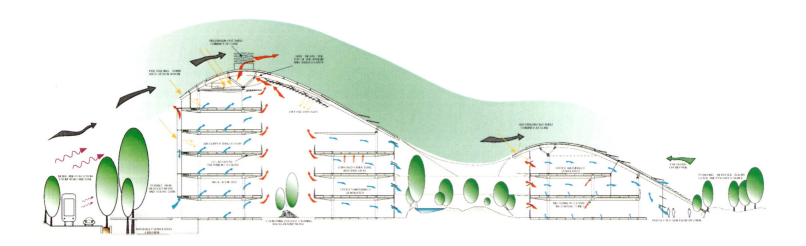

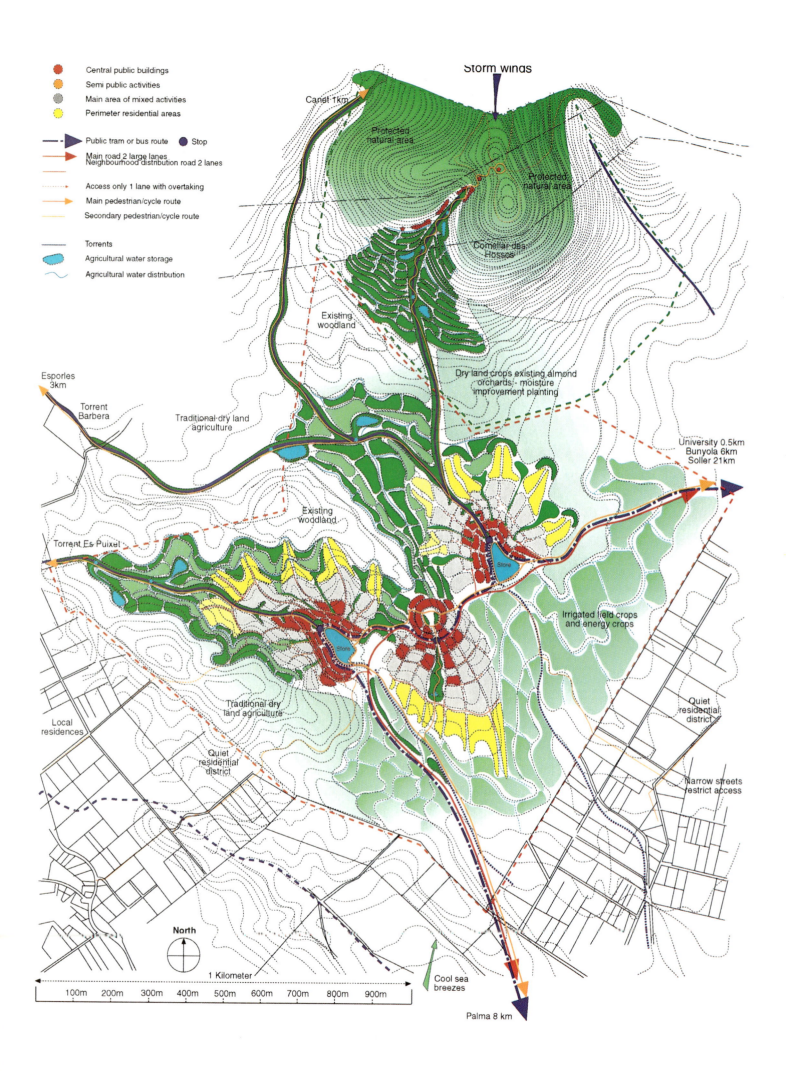

Richtplan von Parc Bit
Mallorca, Spanien

Linke Seite
Die städtische Grundform besteht aus der Überlagerung verschiedener Elemente. Das Ziel ist, die Elemente zu integrieren, damit die Systeme – Wasser, Landwirtschaft, Verkehr, soziale Mischung und Energiestrategie – harmonisch funktionieren.
Die Größe eines jeden Dorfes wird durch die Tatsache definiert, daß alle Punkte der Peripherie vom Zentrum aus leicht zu Fuß erreichbar sind. Die Mischung von sozialen Aktivitäten und Dienstleistungen wird von einem belebten Zentrum aus bis in die ruhigen Wohngebiete aufgeteilt. Es werden wiederverwertbare Energiequellen verwendet, um sich vor Ort mit Energie versorgen zu können.

Oben
Modell einer Einheit
Unten
Aufteilung der Einheiten

ITSUKO HASEGAWA

Tokio, Japan

Itsuko Hasegawa hat, nachdem sie unter der Anleitung der Meisterarchitekten Kiyonori Kikutaké* (Zentralfigur des japanischen Metabolismus) und Kazuo Shinohara gearbeitet hat, ein äußerst originales Werk entwickelt. Die Komplexität und die Leichtigkeit ihrer Strukturen, die gekonnte Verwendung der Übereinanderlagerung der Einschläge von perforiertem Blech, das den Eindruck von Moiré erzeugt, die wie Trennwände aus Papier durchscheinenden Gläser und eine meisterhafte Beherrschung des Lichts durch die Auffächerung des Spektrums stellen einige wichtigere Elemente eines gemeisterten und „absolut modernen" Vokabulars dar. Sie haben diese Frau zu einer der einzigartigsten Figuren der aktuellen architektonischen Szene gemacht. Itsuko Hasegawa stellt die ungelöste Frage nach den Beziehungen zwischen der Natur und der Zivilisation in neuen (und spezifisch japanischen?) Begriffen.

Linke Seite
Fruchtmuseum
Yamanashi, Japan

Architektur und Medien
Aus der Sicht einer Frau
Essay

Als ob sie die massiven Zerstörungen der Natur verschleiern möchte, ist die japanische Konsumgesellschaft immer mehr von den Medien abhängig, um künstlich eine neue Umwelt zu simulieren. Dieses Phänomen und die Traumbilder, die es begleiten, geben uns das irreführende Gefühl, daß sie unsere Phantasie ausfüllen. Wir leben weiterhin in dieser fiktiven Welt, obwohl wir uns sehr wohl dessen bewußt sind, daß wir die Schönheit der Natur nur noch über die Medien erreichen können.

Das Paradoxon ist offensichtlich geworden, und die Menschen haben angefangen, Fragen zu stellen: Sind die simulierten Bilder nicht vielleicht mitschuldig an der Verschlechterung ihrer Lebensqualität? Wir sind uns der weltweit stattfindenden Zerstörungen bewußt geworden, und die Natur sendet uns keine harmonischen Nachrichten mehr. Und dennoch haben alle hergestellten Gegenstände letztendlich ihren Ursprung in der Natur.

Die Natur berührt alle Aspekte der menschlichen Existenz. Die vom Menschen geschaffenen Räume stellen nur die Rahmen seiner Umwelt und seiner Lebensqualität auf verschiedenen Ebenen im größeren Rahmen der Natur dar: Ihr Zustand ist also ein Spiegelbild unserer Gesellschaft.

Heutzutage geht der wissenschaftliche und technische Fortschritt so schnell voran, daß wir die Veränderungen, die er mit sich bringt, nicht einmal bemerken. In der Vergangenheit konnten wir uns langsam und im Einklang mit der Natur entwickeln; die Geschwindigkeit der Verwandlungen beschleunigt nur ihre Zerstörung. Die Architektur vom 18. Jahrhundert bis heute versuchte ihrerseits, die Welt zu homogenisieren, sie durchsichtig zu machen und durch die Entlastung der Strukturen gegen die Schwerkraft zu kämpfen.

Wie kann die Architektur eine neue Richtung hin zur Überschwenglichkeit des Lebens einschlagen, wenn wir alle wissen, daß wir als menschliche Wesen in den

Grenzen unseres Bewußtseins zu existieren leben? Wie könnte unsere Phantasie, die von der neuen technologischen Gesellschaft durchdrungen wird, diese neue Architektur beeinflussen?

Aus der Art von Mystizismus, der durch die Fortschritte einer verführerischen Technologie herbeigeführt wurde, so wie die virtuelle Wirklichkeit, wird sich nichts ergeben. Wenn wir an die Welt als ein langwährendes Kontinuum denken, eine Umwelt, die sich ewig fortsetzen sollte, werden wir uns ihrer jetzigen Armut bewußt. Der technologische Fortschritt kann die dem Menschen innewohnende Macht und Empfindsamkeit enthüllen, er kann sogar das Unbewußte bewußt machen. Aber heute vergrößert sich die Kluft zwischen dem menschlichen Körper und der Welt der Simulation mit der Entwicklung der Technologie, und es besteht das Risiko, daß die Menschen von der Umwelt isoliert werden.

Um aus diesem Dilemma herauszukommen, muß man körperliche Kraft und die Vielfalt der von den Medien geschaffenen Informationsumwelten kombinieren. Für die Architektur bedeutet das, daß man ihrem greifbaren Aspekt ebensoviel Bedeutung beimessen muß wie den Gefühlen und Empfindungen, die sie hervorruft.

Durch Erfahrung habe ich schließlich verstanden, daß die Menschen die Bedeutung ihrer Umwelt abschätzen, ihre Sorgen über den Zustand der für die Gemeinschaft bestimmten Realisierungen, die ihr tägliches Leben beeinflussen, ausdrücken und wünschen können, wieder eine bessere Kontrolle zu erlangen. Es ist nicht damit getan, daß die Architekten und Städtebauer ihre Vorstellungen in die Tat umsetzen. Ich versuche, ein neues architektonisches System vorzuschlagen, das flexibler ist und die Verschiedenartigkeit der Individuen akzeptiert.

Bei dem öffentlichen Gebäude entsteht der Plan im allgemeinen unter Berücksichtigung der offiziellen Vorgaben, die auch befolgt werden. Diese Programme neigen dazu, unklar zu sein, und die individuellen Bedürfnisse der Benutzer nicht zu berücksichtigen. Und das in einem Maß, daß die Bauprojekte weiterhin entweder trivial oder aber monumental und wenig an der Wirklichkeit interessiert sind. Wie die Stadt selbst, müssen die öffentlichen Gebäude dazu in der Lage sein, die Komplexität und Vielfalt der individuellen Bedürfnisse zu berücksichtigen, um attraktiv zu sein. Die Projekte für öffentliche Gebäude sind zu häufig der eitle Ausdruck des Architekten, und ihre soziale Bedeutung wird durch den künstlerischen Wert, den man ihnen beimißt, verschleiert. In einem gewissen Sinn kann dieses Vorgehen den chaotischen und ungeordneten Zustand der japanischen Städte kontrollieren, läuft aber auch Gefahr, eine enorme Kluft zwischen den Verwaltern und Benutzern zu schaffen.

Die derzeitige Verwirrung, die im japanischen Städtebau herrscht, ist das Ergebnis einer Vorstellung von der Demokratie, die auf die Zeit nach dem Krieg zurückgeht, in der die Individuen und Gesellschaften egoistisch ihre Interessen schützten, ohne jeglichen allgemeinen Konsens. Wenn die großen öffentlichen Bauten, die neuen Städte und die jüngsten Projekte zur städtischen Entwicklung, wie sie von der Regierung während der Jahre der wirtschaftlichen Stabilität und des Wachstums ausgeführt wurden, so wenig Inspiration zeigen, und eine so mittelmäßige Gestaltung haben, liegt das an der politischen Realität in Japan, die einen hierarchischen Prozeß der Entscheidungsfindung beinhaltet und alles ausschließt, was nicht genau den Prototypen der nationalen Einheitlichkeit entspricht. Daher stoßen wir im ganzen Land auf das, was mein britischer Freund und Kollege Peter Cook „städtische Müllandschaften" nennt.

Obwohl die Zentralregierung in den 80er Jahren den Begriff der städtischen Vielfalt unterstützte, war das nur ein abgeänderter Zentralismus; und in dem Maße, wie die

S.T.M.-Haus
Tokio, Japan

ITSUKO HASEGAWA

Unterwerfung der lokalen Gemeinschaften durch die Zentralmacht konkreter wurde, wuchs das Gefühl der Ohnmacht auf lokaler Ebene. Dennoch entwarfen einige Gemeinschaften in sehr unternehmerischem Geist ihre eigenen Entwicklungspläne. In diesen Gemeinschaften arbeiten die Bürger mit den Behörden zusammen und zeigen sich ihnen gegenüber kritisch. Es erscheint uns so, als könnte diese Funktionsweise zu dem Werkzeug werden, das die Art, wie die soziale Architektur begriffen wird, auf spektakuläre Weise ändert. Architekten und gewöhnliche Bürger könnten gemeinsam die Mechanismen entdecken, die es ermöglichen, eine gemeinsame Vision und eine Harmonisierung der Verschiedenartigkeiten zu erreichen. Vom strategischen Gesichtspunkt aus gesehen müssen wir einen Prozeß erfinden, der die öffentlichen Gebäude ihren Benutzern zurückgibt, sie in die Entscheidungsfindung miteinbezieht und ihnen die aktive Rolle bewußt macht, die sie während der Phasen der Konstruktion spielen.

Manche Architekten behaupten, daß die architektonische Integrität keine Beziehung zu ihrem nutzbringenden Aspekt hat, und daß die Architektur unabhängig von jedem menschlichen Faktor schön sein kann. Eine solchermaßen narzißtische Einstellung kann die Qualität der Architektur nur verschlechtern und verdient gerechtermaßen diese kritische Bemerkung, die behauptet, daß die Architekten kein soziales Gewissen haben.

Einer der Faktoren, der zur Teilnahme an dem Projekt des Shonandai Kulturzentrums beigetragen hat, ist das von allen geteilte Gefühl der „Architektur als zweiter Natur", ein Prinzip, das seine Gestaltung angeleitet hat. Unsere Städte unterscheiden sich von den europäischen, die physikalisch statisch sind. Unsere sind aus der Natur bezogene abstrakte Formen, und ihre Architektur behält eine flexible Beziehung zu den natürlichen Phänomenen wie Wind, Wasser, Topographie. Die Architektur ist das Sammelbecken für die Vielfalt und die Zweideutigkeit der menschlichen Gefühle, des Wechsels der Jahreszeiten, des Klimas, der Mysterien des Universums. Man könnte sie als „poetische Maschine" bezeichnen.

Ich versuche tatsächlich, über die Architektur mehr einen gemeinsamen Traum ins Leben zu rufen, als die Zustimmung der Gesellschaft zu erbetteln. Für mich ist es klar, daß die Architektur, so wie ich sie sehe, nicht der Ort für ein exklusives Dogma ist, sondern daß sie sich auf konsistente Weise den gegebenen Umständen anpassen und zahlreiche und widersprüchliche Vorstellungen unter einen Hut bringen muß. Meine architektonische Wirklichkeit gründet sich auf einer volkstümlichen Weisheit und einem mehrpoligen Wertesystem; sie spiegelt nicht den orthodoxen Nationalismus eines einzigen Wertesystems wider.

Haus in Higashitamagawa
Japan

Fruchtmuseum, Yamanashi, Japan

Drei unterschiedliche Strukturen sind an einem flachen Südost-Hang aneinandergereiht, von wo aus man einen herrlichen Blick auf den Berg Fuji hat: dies sind ein tropisches Gewächshaus, ein für Veranstaltungen bestimmtes Atrium und eine Lehrwerkstatt. Das Gewächshaus hat die Form einer eingedrückten Kugel, das Atrium die einer gläsernen Untertasse mit vager Biegung. Die Werkstatt ist ein geradliniges durchsichtiges Gebäude, verborgen in einer schrägen, eiförmigen Pergola, an der fruchttragende Kletterpflanzen frei emporranken (s. Abb. S. 160).

Ausstellungspavillon, Nagoya, Japan

Der Ausstellungspavillon in Nagoya wurde als vorübergehende Struktur für eine Dauer von vier Monaten entworfen und beherbergte ein Theater mit 270 Plätzen und einen Dachgarten. Der Ort schien in einen leichten Nebel gehüllt zu sein, um sich beim Herannahen des Besuchers in einen von Wolken und Bäumen verhüllten Garten zu verwandeln. Die Architektin hatte sich als Ziel gesetzt, einen Raum neu zu schaffen, der eine Art Koexistenz mit der Natur ermöglichte, indem sie leichte und durchscheinende Materialien verwendete: für Licht, Wind und Klang durchlässige „Membranen", damit der Besucher „die durch den Rationalismus vergessenen Gefühle, die anpassungsfähige Behaglichkeit der Natur und die erhabene Musik des Universums wieder verspürt".

Ausstellungspavillon,
Nagoya, Japan

Shonandai Kulturcenter, Fujisawa, Japan

Im Shonandai Kulturzentrum verfolgte Itsuko Hasegawa das Ziel, eine Verdichtung von verborgenen Erinnerungen der Natur zu schaffen, ähnlich den menschlichen Erinnerungen, und sie als „Architektur als verborgene Natur" in Form eines künstlichen Hügels (Architektur als Topographie) neu zu schaffen. „Über die Architektur neu nachzudenken, bedeutet, sie nach einer neuen natürlichen Ordnung neu zu schaffen, die reicher ist als die Topographie, die sie zerstört, und die auch ein Memorial der Natur ist, die sie verschwinden läßt; die sich als Mittel ausdrückt, um mit der Natur zu kommunizieren, und auch als Mittel, um die Kontinuität des Lebens auf seiner primitivsten Ebene zu würdigen. In der Praxis habe ich versucht, die Architektur als zweite Natur auszudrücken, die auf die zeitgenössische Technologie ebenso zufriedenstellend reagiert wie auf den Geist unserer Zeit."

Ausstellungspavillon,
Nagoya, Japan

Shonandai Kulturcenter
Fujisawa, Japan

Oben
Nachtansicht des inneren Kulturcenters
Unten
Blick auf den Platz vom Nordturm aus

Rechte Seite
Oben
Der Platz am Tag, Gesamtansicht
Unten
Blick auf die „Metall-Vegetation"

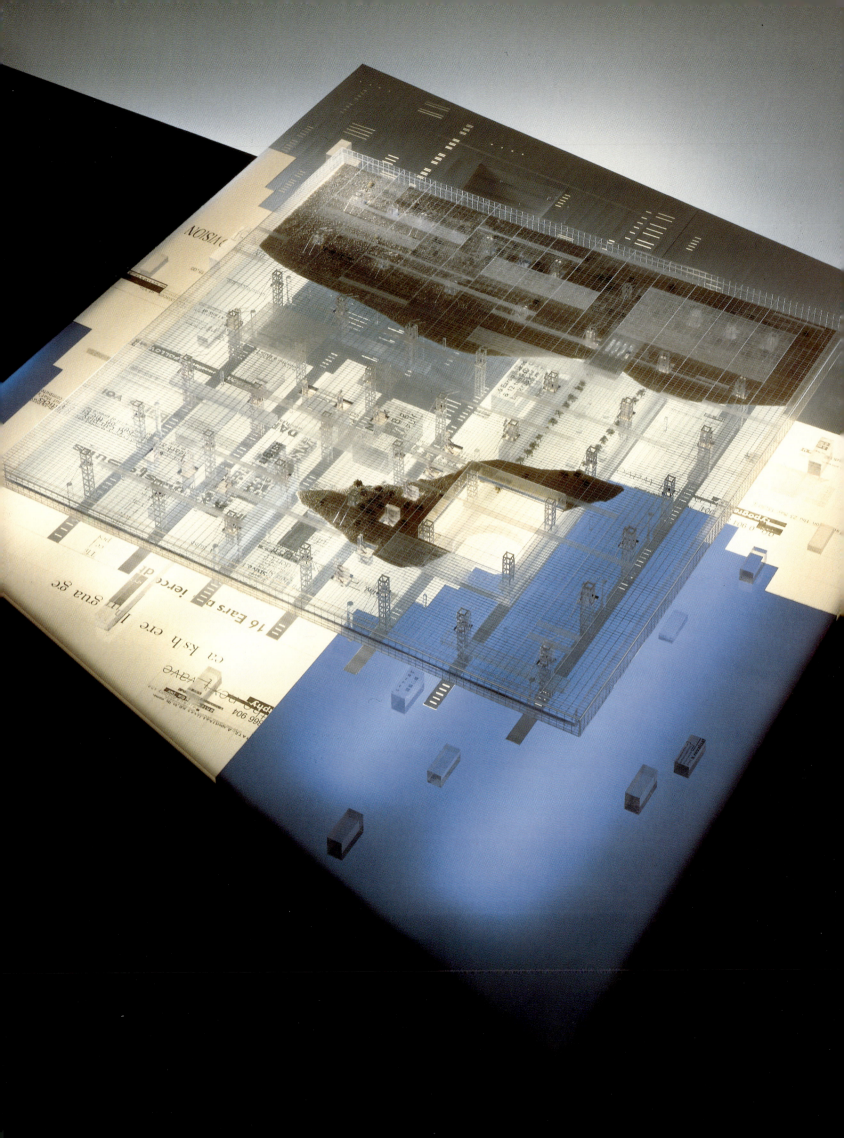

5. AUF DEM WEG ZU EINER PIXEL-ARCHITEKTUR

„ C : \ "
Bill Gates

Die Elektrizität und ihre Zaubereien hatten schon den Architekten unseres ausklingenden 20. Jahrhunderts mit den glitzernden und beschwörenden Mitteln ausgestattet, die aus Las Vegas und Shinjuku Tokio respektierte Ikonen gemacht haben. Die Entwicklung der neuen Medien, die der elektronischen Netze (deren Architektur man rühmt), die verbreitete kathodische Röhre und die Überfülle an Bildern jeden Ursprungs (vom Mikro- bis zum Makrokosmos) üben auf eine ganze Generation von Architekten eine doppelte Faszination aus:

– diejenige der plastischen Ergebnisse, die sie erzeugen, und deren Übertragung ins architektonische Feld noch unerforschte Möglichkeiten erahnen läßt;

– die nicht so leicht faßbare ihrer Form (oder vielmehr ihres Nichtvorhandenseins), die ihre Einbildungskraft mit der Vorstellung einer Ästhetik des Verschwindens beschäftigt.

Wird der Architekt auf die Herausforderung reagieren können, Raum ohne Materie zu schaffen? ∎

Linke Seite
Kristallmonolith
Yokohama, Japan
Shin Takamatsu
Ansicht des Modells

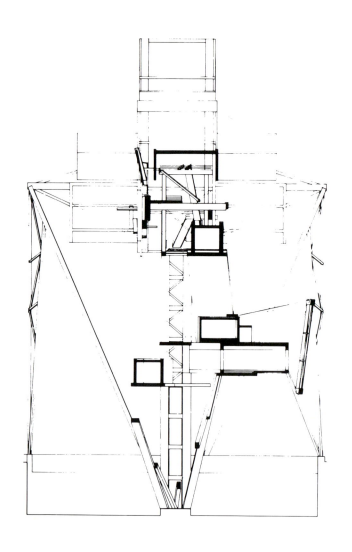
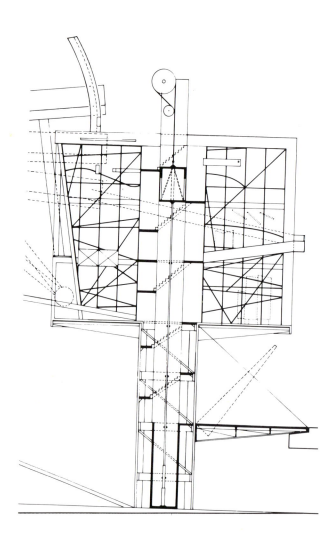

ASYMPTOTE ARCHITEKTUR

New York, USA

Asymptote Architektur wurde 1987 von Lise-Anne Couture und Hari Rashid in New York gegründet und stellt die Architektur, ihre Methoden und Ziele in einer durch die Information und die Netze destrukturierten Welt grundsätzlich in Frage. Die Projekte von Asymptote, ob sie die Form von Apparaturen – den „Optigraphen" – von Installationen oder von traditionelleren Zeichnungen und Modellen annehmen, hinterfragen eine durch die Technologien veränderte (und von der Überwachung besessene) Auffassung. In den Wettbewerben für die Bibliothek von Alexandria, das Theater von Moskau, das Gericht von Groningen oder das Stadtviertel von Berlin Spreebogen werfen Lise-Anne Couture und Hari Rashid brennende Fragen für die Zukunft der Architektur auf: diejenigen der Entsprechung der traditionellen Sorgen um die Umwelt, des Verhaltens, der Funktionalität und selbst der Perfektion angesichts des Einflusses der neuen Technologien. „Der Ort, aus dem die Architektur hervortritt, ist heute derjenige der Flüssigkeit und des Flusses."

Steel Cloud, Los Angeles, Kalifornien, USA

Die „Steel Cloud", Stahlwolke, oder Los Angeles West Coast Gateway, ist typisch für Los Angeles, eine Stadt, die aus großartigen Fiktionen und utopischen Wahnvorstellungen besteht. Diese episodische Architektur wurde von der optischen Maschinerie, den Flugsimulatoren und den Überwachungstechniken inspiriert und versucht, die Information, die Geschwindigkeit und die Plötzlichkeit in einer neuen Raum-Stadt wieder zu entfalten. Hier weist ein warnendes Monument auf einen unsichtbaren Ort direkt über die Autobahn nach Hollywood hin, als einen Ort, an dem die „superschnelle Erholungsposition" eines zu Ende gehenden Jahrtausends deutlich ist. Dieser Raum für das Zeitalter nach der Information, der aus einer Vielzahl von schwingenden Feldern ohne Perspektive oder Tiefe besteht, stellt eine Architektur der Zweideutigkeit und der Anonymität inmitten des Lärms und der Ablenkung von Los Angeles dar.

Die Steel Cloud ist kein Monument, das zum Ruhm einer militärischen Eroberung oder der politischen Macht errichtet wurde, sondern vielmehr ein System, das vom menschlichen Geist erfüllt und erobert werden muß, ein lebendiges Monument, das Galerien, Bibliotheken, Theater, Kinos, Parks und Plätze umfaßt, in Osmose mit dem, was die Stadt an Fließendem und Vorübergehendem hat. Hier schwingen Aquarien und aufgehängte Landschaften im mysteriösen Rhythmus der Autobahn. Die Wolke selbst, die in ihrer Gesamtheit durch ein Spiel von Kabeln, Stahlstreben, Vorgelege und Gegengewichten aufrechterhalten wird, widersetzt sich den instabilen und sich verändernden Platten von unten. Diese seltsame und nicht zusammenpassende Architektur befindet sich in einem Zustand der dauerhaften Unvollkommenheit, der ständigen Neuordnung.

Steel Cloud
Los Angeles, Kalifornien, USA
Ansichten des Modells

Linke Seite
Oben
Längsschnitt der Bibliothek,
der Galerien und des
Immigrationsmuseums
Unten
Ansicht des Modells

Folgende Seiten
Oben
Längs- und Querschnitt
des Zeit-Museums
Unten
Ansicht des Modells

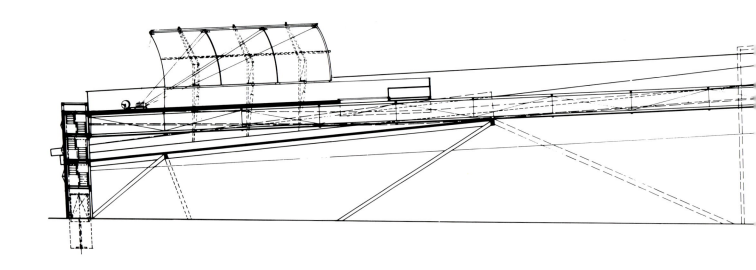

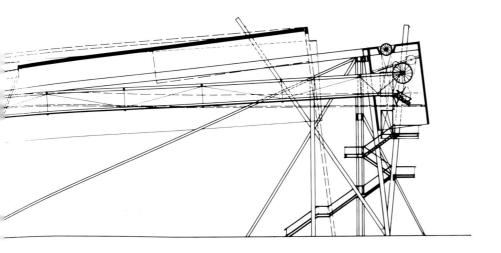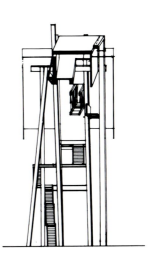

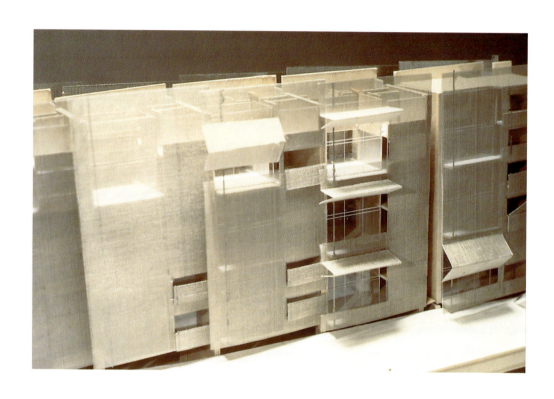

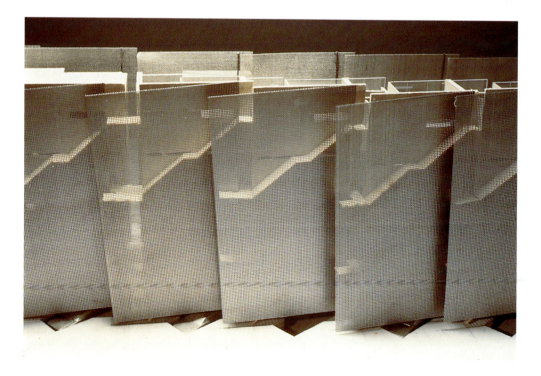

DILLER & SCOFIDIO

New York, USA

In New York erhielten Elizabeth Diller und Paul Scofidio Ende der 70er Jahre in der poetischen und polemischen Bewegung der Cooper Union von John Hejduk* ihre Ausbildung. Sie nehmen eine besondere Stellung ein: Ihre Projekte und Anlagen zielen darauf ab, die Rituale, Institutionen und Abhandlungen zu entziffern und zu interpretieren, die im Staat den Zusammenhalt der Gesellschaft aufrechterhalten, aber auch die Ideologie zu zeigen, die den Ereignissen und Konventionen des zeitgenössischen Lebens zugrundeliegt.

Sozialwohnungen in Gifu, Japan

Die Abhandlung über die Vielfältigkeit, die die Einführung der Standardisierung in den europäischen Modernismus begleitete, ist illusorisch. In Wirklichkeit ist man in der Anonymität angelangt. Die wirtschaftlichen Zwänge und die Unvermeidbarkeit der Wiederholung, die das Los der Standardisierung bei den Sozialwohnungen sind, müssen dennoch nicht unbedingt das Verschwinden der individuellen Wohnung nach sich ziehen. Das Bauprojekt von Gifu, Japan, ordnet beispielsweise jede der hundert Einheiten des Plans verschiedenartig ein und verleiht ihnen so Individualität.

Das „reptilartige" Gebäude besteht aus geradlinigen Rohren, die sich mit einer Abweichung von 1°5 übereinanderschieben, was eine leichte Biegung schafft. Jede Einheit ist um einen Meter von der folgenden verschoben, um für die Eingangstür Platz zu schaffen; wie ein Privathaus wird diese Anlage stets von vorne betreten. Die äußerste Hülle, die aus übereinandergelagerten transparenten „Schuppen" aus perforiertem Metall besteht, ist im Süden beweglich und privatisiert im Norden die Zugangsrampe, an der entlang jede Einheit ihre eigene Ebene hat.

Der Turm von Babel, New York, USA

Welches Schicksal hat die kulturelle Vielfalt in unserer Welt, die immer monokultureller wird? Der Turm von Babel, eine ständige Installation, die für die Ecke der 42nd Street und der 8th Avenue geplant ist, besteht aus einer Anhäufung von Bildschirmen, auf denen riesige Münder eine Sequenz von Sprichwörtern über das Thema der Sprache in den meistgesprochenen Sprachen der Vereinigten Staaten rezitieren. Die Mischung der Stimmen erzeugt einen verwirrenden Eindruck, mit Ausnahme der Stimme, die der Straße am nächsten ist. Nach der Ansage eines jeden Sprichworts verschieben sich die Bilder von oben ausgehend um eine Bildschirmebene. Diese Installation kehrt die Vorstellung des biblischen Turms von Babel um, bei der die Sprache eine Waffe gegen die ältesten Monokulturen ist, um den Himmel vor der Masse der gemeinen Sterblichen zu schützen. Das Projekt bereichert das Sprachengewirr von Babel ästhetisch und unterstreicht in seiner sukzessiven Zusammenballung der Stimmen die Komplexität der Kommunikation.

Linke Seite
Sozialwohnungen
Gifu, Japan
Modell, Süd- und Nordfassade

Jump Cuts, San Jose, Kalifornien, USA

„Jump Cuts" soll die permanente Fassade des größten Komplexes von Kinosälen der Welt in San Jose, Kalifornien, werden. Die bildhauerischen, elektronischen und Videoelemente werden Bilder und Texte zur Straße hin senden, die dazu bestimmt sind, zu informieren und betrachtet zu werden. Diese Fassade wird die Technologie der flüssigen Kristalle verwenden und von Zeit zu Zeit eine Ansicht der Aktivitäten im Innern von der Straße aus gesehen gegen Bilder dieser Aktivitäten, die im Innern des Gebäudes aufgenommen werden, austauschen – sie wird, anders formuliert, das Gebäude auf elektronische Weise wie einen Handschuh umstülpen. Ferner wird es Filmausschnitte, Kinoinformationen und Werbung geben.

Der Turm von Babel
New York, USA
Installation des Projekts

Rechts
Ansicht des Modells

Rechte Seite
Jump Cuts, San Jose
Kalifornien, USA
Videofassaden

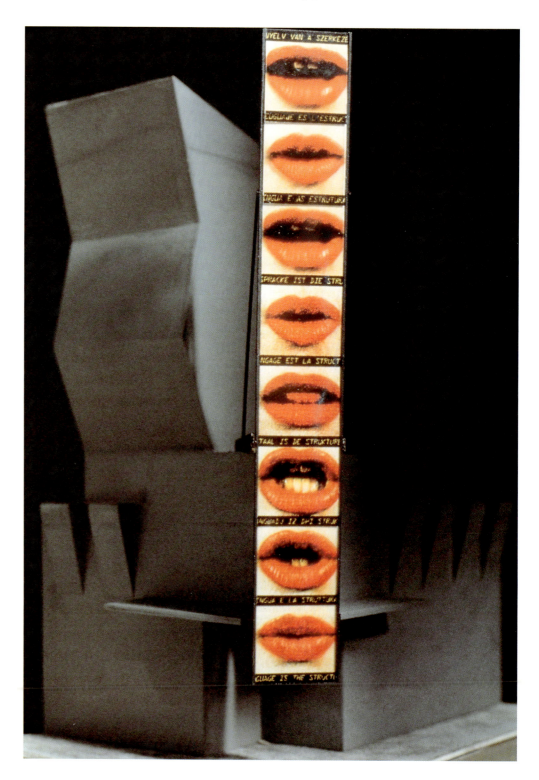

PLAN D'IMPLANTATION 1:500

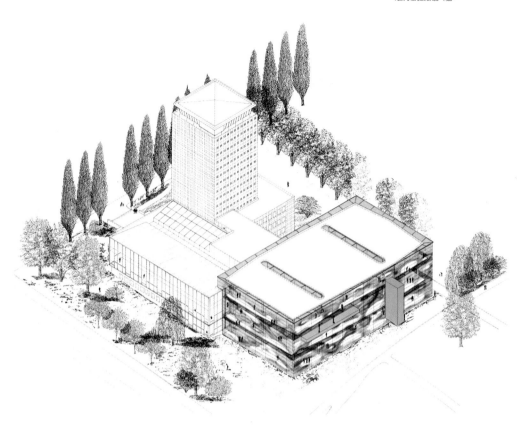

DU BESSET UND LYON

Paris, Frankreich

Pierre Du Besset und Dominique Lyon haben von ihrer Ausbildung bei ihren hervorragenden Kollegen Jean Nouvel und Frank Gehry vor allem eines behalten – die Methode, alle Möglichkeiten, die ein Ort, ein Programm und eine ausgewogene formelle Freiheit bieten, bestmöglich zu nutzen.

Seit der Gründung ihres Unternehmens 1984 haben sie durch einige bescheidene, aber auch durch anspruchsvolle Werke (so zum Beispiel die Sanierung der „Rotonde des Véterinaires" im Park La Villette und den Pariser Sitz von „Le Monde") und durch Projekte bei Wettbewerben (zum Beispiel die Bibliotheken von Jussieu oder der Universitätscampus in Dijon) auf sich aufmerksam gemacht.

Die „Médiathèque" in Orleans (1994) zeugt von ihrem Sinn für Urbanes und von ihrer Fähigkeit, aus einem einfachen Programm ein subtiles Bauwerk entstehen zu lassen, dem eine fast unmerkliche Klarheit eine rührende Zerbrechlichkeit verleiht.

Erweiterungsbau der Universitätsbibliothek von Dijon, Frankreich

Eine Bibliothek ist eine Einrichtung, in der Informationen gesammelt und zugänglich gemacht werden. Der Nutzen, welcher aus dieser Einrichtung gezogen werden kann, liegt darin, diese Informationssammlung wahrzunehmen.

Die Erweiterung der Unibibliothek von Dijon setzt den Benutzer ins Zentrum dieser Einrichtung. Er erfaßt alles, was ihm angeboten wird, mit einem Blick, ohne daß es ihm dabei schwindlig wird: Auf den Außenseiten des Gebäudes sieht man einfarbige, frei bewegliche, durchscheinende oder transparente Motive; der Fußboden und die Decke schwimmen sozusagen in dieser flüssigen Umhüllung. Man sieht, daß sich die farbigen Motive unter dem Fußboden fortsetzen, und man erahnt die Aktivitäten in den anderen Stockwerken.

Die „Médiathèque" von Orléans, Frankreich

Eine „Médiathèque" ist ein Ort, wo jeder einzelne selbst Mittel finden kann, um sein Wissen zu erweitern. Die „Médiathèque" in Orléans möchte die Idee dieses Vorgehens darstellen, das erst dann zum Tragen kommt, wenn der Benutzer Neugierde zeigt und schrittweise vorgeht. Dem Prinzip des intellektuellen Vorhehens entspricht das architektonische Vorgehen: Jeder vom Programm vorgegebene funktionelle Raum (Leihbücherei, Lesesaal, Zeitschriftenraum, Cafeteria, usw.) wird mit ganz einfachen Mitteln zu etwas Besonderem: durch die Symmetrie der Anordnung und durch Einfarbigkeit. Jeder Raum wird wie ein „Zimmer" betrachtet. Es gibt ebenso viele Zimmer wie Programmelemente.

Man soll spüren, daß jeder Raum seine Daseinsberechtigung hat, aber auch gleichzeitig die unmittelbar angrenzenden Räume integriert. Insgesamt ergeben sie, ohne die Möglichkeit, etwas hizuzufügen noch etwas wegzunehmen, eine einfache, bündige Form – den Hauptblock des Gebäudes. Dies ist nicht immer eindeutig nachzuvollziehen, genausowenig, wie man die Kultur insgesamt erfassen kann: Extravagante Räume stechen hervor und verleihen dem Ganzen eine monumentale Dimension.

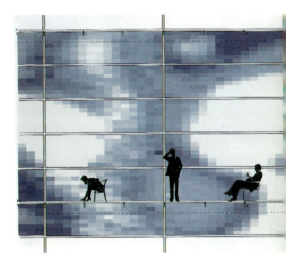

Erweiterungsbau der Universitätsbibliothek von Dijon
Frankreich

Oben
Den Blick trübende Siebdruck-Glasfassade

Linke Seite
Oben
Gesamt-Axonometrie
Unten
Modell der Bibliothek

Die „Médiathèque" von Orléans
Frankreich

Oben
„Médiathèque" und Umgebung
Unten
Licht- und blickfilternde Sonnenblenden aus Metall

Linke Seite
Aussicht von innen auf die Stadt

TOYO ITO

Tokio, Japan

Seit den 70er Jahren erforscht Toyo Ito ungelöste Fragen: die Definition eines „introvertierten" Hauses (sein Haus in U-Form), das wiederholte Studieren der Moderne (das Dominohaus von Le Corbusier)... Seine Arbeit steht heute einer homogenisierten Gesellschaft in einer Scheinwelt sowie dem Sinnverlust gegenüber. Wie soll man in einem Universum, in dem Güter ihre Realität verlieren, eine reale Architektur verwirklichen? Wie Räume von Dauer schaffen in einer Gesellschaft, die dauernden Änderungen unterworfen ist? Ito versucht, hierauf eine Antwort zu finden, indem er das Vergängliche und die Fiktion privilegiert und indem er ein „Nirwana" sucht, welches im Extremstadium der technologischen Kontrolle erreicht werden soll. Hieraus resultiert eine fließende und immaterielle Architektur, die die Elemente berücksichtigt und Bilder und Laute beifügt.

Die „Médiathèque" in Sendai

Die „Médiathèque" in Sendai ist ein Ort, wo man einfache Körper und virtuelle Körper in der Reaktion auf den elektronischen Fluß kombinieren und organisieren kann. Die Zeichnung setzt den Akzent nicht auf eine architektonische Form, sondern hebt die Struktur hervor, den natürlichen und den elektronischen Fluß.

Das Gebäude setzt sich aus sieben Flächen zusammen, wobei jede einzelne einem bestimmten Kommunikationsort je nach dem Medium entspricht. Zwölf Gänge kontrollieren und organisieren die Flächen. Hier handelt es sich um sanfte Strukturen, die neben einer vertikalen Verbindung einen fließenden Raum für jede Form von Energie und Information, für Licht und Töne öffnen. Das Gebäude ist von einer „Umhüllung" umgeben, die das Innenleben kontrolliert.

Die Künstlerin Laurie Anderson erklärt, „der Körper des modernen Menschen besteht aus Elektronenfluß". Schon immer wird der Körper als mit der Natur verbunden betrachtet, wie ein Fluidum aus Wasser und Luft. Der Körper als Elektronenfluß ändert die Form unserer Kommunikation, aber unser primitiver Körper ist immer auf der Suche nach schönem Licht oder einer frischen Brise.

Turm der Winde – Yokohama, Japan

Der Turm der Winde in Yokohama ist die Neustrukturierung eines bereits bestehenden, zwanzig Jahre alten Turms, der konstruiert wurde, um eine Belüftung zu gewährleisten und um als Wasserreservoir zu dienen. Er wurde aus einem durchlöcherten Aluminiumrohr hergestellt und die Außenwände wurden mit reflektierenden Acrylplatten bedeckt. Ein Computer steuert die mehr als 2000 Glühlampen in Abhängigkeit von Wind, Lärm und Temperatur. Tagsüber reflektieren die Aluminiumschilder das Licht und betonen die einfache zylindrische Form der Struktur. In der Nacht werden die Aluminiumschilder transluzent, der Turm verliert seine physische Präsenz und verwandelt sich in ein virtuelles Bild. Er besitzt keine spezifische architektonische Form mehr und man kann ihn mit einer visuellen Stimmungsmusik vergleichen.

Linke Seite
Bibliotheken von Jussieu
Paris, Frankreich
Computer-Axonometrie

Folgende Seiten
„Médiathèque" von Sandai
Japan
Schnitt, die Struktur zeigend

Turm der Winde
Yokohama, Japan
Zwei Nachtansichten

JEAN NOUVEL

Paris, Frankreich

Jean Nouvel ist im Laufe der 80er Jahre durch eine Reihe von Bauwerken bekannt geworden, die sich in ihren Formen und Konnotationen unterscheiden. Nouvel versteht sich als ein Architekt der Spezifität: Der Spezifität eines Programms und den Konditionen eines gegebenen Projekts entspricht die Spezifität einer Antwort. Zu dieser Grundeinstellung kommt noch eine klare Haltung hinzu: Architektur ist keine autonome Disziplin. Sie ist der Gesellschaft, der sie es schuldig ist, den Staat widerzuspiegeln, leicht zugänglich.

Der Architekt kann weder die Bilderflut noch die Miniaturisierung, noch die Automatisierung, noch die Geschwindigkeit, noch die Eroberung des Weltraumes, noch die auftretenden Manifestationen einer neuen Volkskultur (Rap, Sport, usw.) ignorieren.

Die Architektur von Nouvel privilegiert das Material und das Licht auf Kosten des Spiels mit Volumen und Raum: Sie spiegelt blinkende Zeichen und sich bewegende Farben in einem kunstvollen Spiel wider, in dem sich die Materialität der Welt aufzulösen scheint; sie durchbricht sie, setzt sie zu hoch an, verdünnt sie und sendet sie aus.

Veränderungen
Essay

Die Architektur muß neu definiert und betrachtet werden. Denn man hat Mühe, sie inmitten des Nebels und der Staubwolken der städtischen Katastrophe wahrzunehmen, die unser Planet erleidet. Bevölkerungsexplosion, industrielle Revolution und ihre direkten Auswirkungen, Verlagerung der Stadtgebiete aufs Land, Entwicklung des Handels, der Kommunikation und ihrer Netze: Dies alles sind Gründe, die erklären, weshalb im 20. Jahrhundert vier- oder fünfmal mehr gebaut wurde als während der ganzen restlichen Menschheitsgeschichte.

Der Umbruch ist tiefgreifend. Der Raum, den die Architektur einnimmt, hat sich beträchtlich vergrößert. Die erbaute Materie, die unter schlimmsten Bedingungen angehäuft wurde, ist heute das Ergebnis einer beschleunigten Sedimentation. Die Fakten sind da, das Fatale ist zum Faktum geworden. Noch einmal wird der Topos dem Logos vorangehen. Die neuen Konstruktionen, die unter schwierigen Bedingungen und fast ohne jegliches Nachdenken über die Programme konzipiert wurden, sahen sich vor allem durch die Dringlichkeit definiert.

Es wurde viel gebaut, und zwar in einem großen Durcheinander. Die Architekten mit Gewissen haben diesen Tatbestand unaufhörlich kritisiert. Aber was haben sie ihm entgegengestellt? Chirurgische Eingriffe wie die Cité Radieuse* von Le Corbusier, ökologische Eingriffe, wie die Broadacre City* von F.L. Wright – die Stadt auf dem Land – oder plastische Eingriffe wie die Charta der Farben und Formen, die De Stijl* vorgeschlagen hat.

Tatsächlich hat die Geschichte seit dem 15. Jahrhundert und seit der Erfindung der Stadt als architektonisches Objekt unaufhörlich gezeigt, daß sich diese Stadt immer weniger an einen Plan hält. Vielmehr ist sie das Ergebnis der ökonomischen Kräfte, die

Linke Seite
Euralille
Dreieck der Bahnhöfe, Lille, Frankreich
Blick von innen auf die Stadt

auf ein gegebenes Territorium wirken, Kräfte, denen sich nichts widersetzt, auch keine ästhetischen oder humanistischen Apriori. Die Folgen sind im übrigen nicht immer eindeutig.

So sind vom Fehler zum Irrtum, vom Zufall zur Notwendigkeit Formen aufgetreten, die oft chaotisch und manchmal zu entschlüsseln sind, Formen, mit denen man sogar versuchen kann, eine gewisse geheime Ordnung zu assoziieren, und aus denen manchmal eine fatale Schönheit hervorquillt, die oftmals mit einem geographischen Determinismus verbunden ist.

Das neue Weltbild, das unter unseren Augen entstanden ist, ist zugleich faszinierend, beunruhigend, manchmal verwirrend und sogar ekelerregend oder abstoßend: Es ist dennoch schwierig, ihm seine Qualitäten abzusprechen, die man im allgemeinen nur den echten Konkretionen-Kreationen zuschreibt.

Was heute deutlich ersichtlich ist und uns notwendigerweise in bezug auf die Entwicklung unserer Disziplin Sorgen bereitet, ist, daß nicht mehr gründlich aufgeräumt wird. Es ist keine Rede mehr davon, wie am Anfang des Jahrhunderts inmitten der großen Euphorie des industriellen Aufschwungs und der Entstehung der Moderne, die Stadt von morgen mit ästhetischen, kulturellen und ethischen Kriterien einer Generation zu erfinden, die im Fortschritt den Antrieb für unendliche Möglichkeiten sah. Wir müssen den Entschluß fassen, der Wahrheit ins Gesicht zu blicken: Die modernen Städte sind ohne unser Zutun erfunden worden. Sie sind eine Gabe der Entwicklung, eine Schicht mehr auf diesem Planeten. Sie kennzeichnen vielleicht den Beginn eines neuen Zeitabschnitts: den Beginn des urbanen Zeitalters.

Kongreßzentrum von Tours
Frankreich

Der architektonische Gedanke in bezug auf die Stadt erfordert eine radikale Entwicklung. Es wird Zeit, daß man sich eingesteht, daß im derzeitigen historischen Moment der typologische und morphologische Ansatz der Städte nur dem Bau von archaischen Städten dient, Städten vor dem städtischen Zeitalter, und daß dieser Gedanke keine ernsthafte Grundlage mehr für ein Konzept bedeuten kann.

Mehr denn je ist der Architekt verpflichtet, das Leben zu kennen, sich eine Meinung über seine Bedeutung und seine Entwicklung zu bilden. Und dieses Problem ist komplex und sehr unbequem für denjenigen, der gleichzeitig ein Mensch des „Tuns" und des „Wissens" ist, ein Mensch, der den Wandel vom Virtuellen ins Reale gewährleisten muß. Und der mit dem Widerspruch konfrontiert ist, der eine beschleunigte Entwicklung der Stadt angesichts der Langsamkeit des architektonischen Aktes darstellt. Wir leben immer noch in der Aura von Gründungstexten von Alberti* und More*, wobei der Erstgenannte die Architektur fest in ihre disziplinäre Autonomie verankert hat, der Zweite in ihre humanistische, prophetische und extrem liberale Vision. Wie soll man ein immer reicheres und aufgefächerteres Wissen mit einer Praxis in Einklang bringen, die überhandnimmt?

Man kann von niemandem Unmögliches verlangen. Der Architekt kann leider nicht gleichzeitig Philosoph, Weiser, Künstler und der Kapellmeister sein, wie es seine Praxis verlangt: Projektplaner, Zeichner, Ingenieur, Wirtschaftswissenschaftler, Rechtswissenschaftler und Baustellenleiter... Aber die albertinische Wette, jegliche globale Vision aufzugeben zugunsten eines streng internen und autonomen Wissens, hat schließlich damit geendet, vor den historischen Tatsachen zu kapitulieren. Sie hatte ein halbes Jahrtausend gedauert! ... Was kann der Architekt heute tun?

Wenn man die Architektur heute definieren müßte, müßte man damit beginnen zu sagen, was sie nicht tut. Die Architektur der modernen Zeit wollte die Welt kreieren. Sie ist aus übertriebenem Ehrgeiz daran gescheitert, ohne genau zu verstehen, daß es nicht die Welt ist, die dem Architekten gehört, sondern im Gegenteil der Architekt der Welt. Daß die Architektur Veränderung und Verlängerung der Welt darstellt, die Eroberung über das Chaos, das Abenteuer des Unfreiwilligen. Daß daher jede Epoche neu die Waffen ihrer Entwicklung erfinden muß in Verbindung mit den Kenntnissen, die dieselbe Charakteristik aufweisen. Und um ein solches Abenteuer einzugehen – dieses Abenteuer der Unfreiwilligkeit – sind Kenntnisse und Nachdenken eine Voraussetzung.

Und natürlich ist für den Architekten, den Menschen des Realen, die Wissenschaft in ihrer täglichen Anwendung nützlich. Die Entwicklung der Technologie und der Techniken, der Beitrag der neuen Materialien, die mit außergewöhnlichen Eigenschaften versehen sind, sind, wenn man es so ausdrücken kann, Ursachen des Infragestellens. In ihren Beziehungen zur Wissenschaft und ihren Anwendungen neigt die Architektur zu einem Zusammenspiel der Leistungen.

Genau hier greift ein neuer Faktor in der Entwicklung unserer Disziplin ein. Es handelt sich um einen Faktor, der auf historischer oder kritischer Ebene kaum in Betracht gezogen wird: Wenn die Architektur dieses Zusammenspiel der Leistungen integriert, dann in einem Zusammenhang mit der Modernität, die nicht mehr der des bewundernden Staunens ist. Die Faszination, die die Architekten der heroischen Modernität für die technische Heldentat empfanden, die bis hin zum Symbol übertrieben wurde, gehört der Vergangenheit an.

Die Rolle des Ingenieurs verliert dabei nichts an Stärke noch an Erhabenheit oder an Prestige. Aber heute will man die Anstrengungen gar nicht mehr sehen. Man will, daß die Architektur unproblematisch ist und daß sie von anderen Dingen gelenkt wird, als von reinen Zufälligkeiten und harten, konstruktiven Realitäten.

Das Konzept der Stadt ist explodiert. Die Stadt ist zu einer Art Kosmos geworden, zu einer Anhäufung unzähliger Haushalte. Wir müssen daher den Prozeß ihrer Entwicklung erfinden. Von diesem Knäuel, wo sich die Dinge ständig im Aufbau oder in Auflösung befinden, muß man die Bewegungen ermitteln, sie begleiten oder ihnen entgegenwirken. Ich unterstelle heute, daß diese Knäuel sich nur durch Iteration, durch Veränderung oder durch Erkenntnis entwickeln können. Und dies bedeutet indirekt das Ende der zeitlichen Planung, das Ende der allgemeinen Regeln, des „Zoning". Das heißt, daß jede Entscheidung im Zusammenhang mit einer Stadt ihren Ursprung aus der Wahl zwischen zwei Alternativen haben wird: integrieren oder differenzieren.

Die Begriffe Integration und Differenzierung werden ein sehr spezielles Engagement der Architekten voraussetzen, die zwischen diesen beiden wählen müssen. Nur „konzeptbezogene" Architekten, die aufgrund ihrer Lebensphilosophie die Art der Analyse gewählt haben, die am weitesten entwickelt ist und von den verfügbaren Feldern das offenste, werden in der Lage sein, dies in aller Klarheit zu tun.

Wenn man sich hinterfragt in bezug auf die Entwicklung der Architektur, muß man auch die heikle Frage der Relation zwischen der Geschichte und der Modernität anschneiden. Die Definition selbst der Modernität kann nur absolut entwicklungsfähig sein. Heute würde ich gerne als wichtigste Definition der Modernität vorschlagen, daß dies die bestmögliche Nutzung unserer Erinnerung und daher die ständige Aktualisierung einer Diagnose ist. Eine zweite Definition könnte so lauten: Modernität bedeutet, die Wahl der richtigen Richtung und der schnellstmöglichen Geschwindigkeit in Richtung Entwicklung des Wissens zu kennen und daraufhin auszuwählen. Und dies alles im Rahmen einer Analyse oder Diagnose.

Man kann versuchen, die Kriterien einer Entwicklung zu definieren, von den Paradigmen der Modernität zu sprechen. Eine der ersten Feststellungen, die man machen kann, ist, daß Raum und Form Größen sind, die an Bedeutung verlieren, dagegen aber Licht und Material Größen sind, die immer bedeutender werden.

Zu den Paradigmen der Moderne zählen hierzu unter anderem die Einfachheit und die Komplexität. Da Form und Raum einfach und häufig glatt geworden sind, wird es die Studie auf anderer Ebene – eine weitaus scharfsinnigere Studie – ermöglichen zu sagen, in welchem Ausmaß dieses Objekt, das einfach erscheinen mag, in der Tat das komplexeste ist, das je konzipiert wurde.

Man kann die Paradigmen Kompaktheit und Leichtigkeit als Beispiele anführen. Die Dinge verdichten sich immer mehr. Dies führt natürlich auch zum Paradigma Miniaturisierung und Erhöhung des Leistungsvermögens. Darüberhinaus gibt es das Paradigma der Mechanisierung und das der passiven Systeme.

Dies führt weiter zum Paradigma der Trägersubstanz und des Materialeinsatzes: Man muß auswählen und bestimmen, was in einem Gebäude fest und was beweglich

Euralille
Dreieck der Bahnhöfe, Lille,
Fassade (Siebdruck und Holographie)

sein soll. Diesbezüglich wird mehr und mehr getrennt. Das bedeutet, daß alles, was von Dauer sein soll, zur Trägersubstanz gehören muß, wohingegen das, was sehr schnellebig ist, dem Materialeinsatz zugeordnet wird.

Mehr als je zuvor bedeutet Architektur Politik. Der Architekt ist auf ihre Art ein Politiker. Hier ist dennoch eine grundlegende Unterscheidung zu treffen: Es ist angebracht, demokratische Gegebenheiten von kulturellen zu trennen.

Wir werden uns erst durch das Geben ändern. Wim Wenders hat einmal gesagt, daß das wichtigste, aber zugleich das am meisten unterschätzte Wort der Begriff „Freundlichkeit" sei. Ich glaube, daß diese Aussage stimmt, ich glaube an die Wichtigkeit des Gebens, ich glaube, daß Arbeiten heutzutage bedeutet, daß man einen klugen Kopf haben muß und ein großes Herz.

Der Turm ohne Ende, La Défense, Paris, Frankreich

Die Ästhetik eines doppelten Schwundes: ein Turm ohne Ende.

Das Unendliche beherrscht den menschlichen Geist. Fasziniert ihn. Die unvergängliche, metaphysische Frage: welcher Anfang? welches Ende?

Der Turm ist ein metaphysisches Objekt. Er versinnbildlicht die Frage über die Grenzen.

Der Turm verschwindet im Boden, er entspringt dem Boden. Nur in der doppelten Dynamik des Eindringens und des Hervortretens liegen in diesem Fall die Voraussetzungen für die Errichtung eines Gebäudes von großer Höhe.

Er verschwindet im Himmel. Diese Erscheinung (sie hat aufgrund der eingesetzten Materialien eine immaterielle, irreelle Seite: vom Dunkel des Granits, über das polierte, perforierte Aluminium bis zum reflektierenden und klaren Glas...) verschwindet langsam mit steigender Höhe. Der fortwährende Einsatz verschiedener Materialien betont den natürlichen Abstufungseffekt.

Das Gebäude „zerfließt" von Stockwerk zu Stockwerk immer mehr, bis zur völligen Auflösung seiner Bekrönung, welche aus einer einfachen, transparenten Wand besteht, die sich im Himmelsgrund verliert.

Die Cartier-Stiftung, Paris, Frankreich

Das Phantom des Parks. In seiner Transparenz. In seinem Einbezogensein. Die Bäume scheinen durch die hohe Glasmauer hindurch, die an Stelle der ehemals langen, blinden Mauer getreten ist. Leicht streifen sie die acht Meter hohe Mauer, welche sie umgibt.

Cartier-Stiftung
Paris, Frankreich
Ansicht bei Tage

Die Chateaubriand-Zeder ragt einsam empor, eingerahmt von zwei Wandschirmen, welche den Eingang bilden. Der Besucher geht unter der Zeder hindurch und nimmt bei näherer Betrachtung der Anlage das Schauspiel der Bäume wahr, die die Ausstellungshalle umgeben, die auch ihrerseits von acht Meter hohen Glaswänden eingerahmt ist.

Im Sommer verschwinden die großen verschiebbaren Nischen, und die Halle verwandelt sich in eine Verlängerung des Parks. Der Himmel ist durch die Transparenz sichtbar. Vom Boulevard aus erscheint das Gebäude wie ein Lichthof am Himmelsgrund und wie eine doppelbelichtete Fotographie der reellen oder virtuellen, von den Glasschirmen reflektierten und gebrochenen Bäume.

Es handelt sich um eine von vollkommener Leichtigkeit bestimmte Architektur, die Glas und Stahl nahtlos miteinander verbindet. Eine Architektur, die es sich zum Spiel macht, die greifbaren Grenzen des Gebäudes zu verwischen und die es somit überflüssig macht, einen gediegenen Raum inmitten einer Poetik von Verschwommenheit und Vergänglichkeit zu begreifen. Eine Architektur, die es dem Stadtteil ermöglicht, sich eines schönen Gartens zu erfreuen, dessen Anblick lange Zeit verhüllt war. Eine Architektur, die ihre Haltung gegenüber dem Begriff der Tansparenz und ihrer angeblich bequemen Neutralität präzisieren möchte. Wenn die Virtualität der Realität gegenübersteht, ist es sich die Architektur mehr denn je schuldig, den Mut zu zeigen, das Image der Widersprüchlichkeit auf sich zu nehmen.

Die Oper von Lyon, Frankreich

Die Modernisierung dieser Oper, die im 19. Jahrhundert im Stadtzentrum gebaut wurde, hat den Vorwand zu einem wirklichen Kraftakt geliefert. Die Fassaden des neoklassizistischen Gebäudes wurden beibehalten, wobei die Einbettung des Gebäudes in die städtische Umgebung bewahrt wurde. Das neue Theater stellt eine Verdreifachung des ursprünglichen Volumens dar: Ein Teil des Programms spielt sich in den Tiefen des Gebäudes ab, während ein Halbzylinder die Oper mit ihrem glänzenden Gewölbe zur Geltung bringt. Der hängende Italienische Saal und die öffentlichen Bereiche ziehen ein Register vertrauter und neuer Gefühle an einem derartigen Ort des Schauspiels: Würde des Rituals verbunden mit Farben – tiefes Schwarz, Gold und Rot; Das Schillern der Reflexe der hängenden Muschel, die an ein schönes glattes und sehr großes Pianos denken läßt. Die schwindelerregende Kraft der Aufzüge, die die gesamte Höhe des Gebäudes durchlaufen. Die neue Oper von Lyon will also ein Symbol der Stadt sein, welches das Zentrum mit seiner Silhouette kennzeichnet, und ein raffiniertes Hochleistungsinstrument zugleich.

Cartier-Stiftung
Paris, Frankreich
Ansicht bei Nacht

Cartier-Stiftung
Paris, Frankreich

Oben
Blick auf die Stadt
Unten
Eingang

Rechte Seite
Turm ohne Ende
La Défense, Paris, Frankreich
Modellansicht

Seite 196
Oper von Lyon
Frankreich

Oben links
Das Gebäude in der Stadt
Unten links
Das Foyer
Oben rechts
Das Orchester
Unten rechts
Die Eingangsschleusen

Seite 197
Vom Rathaus aus betrachtet

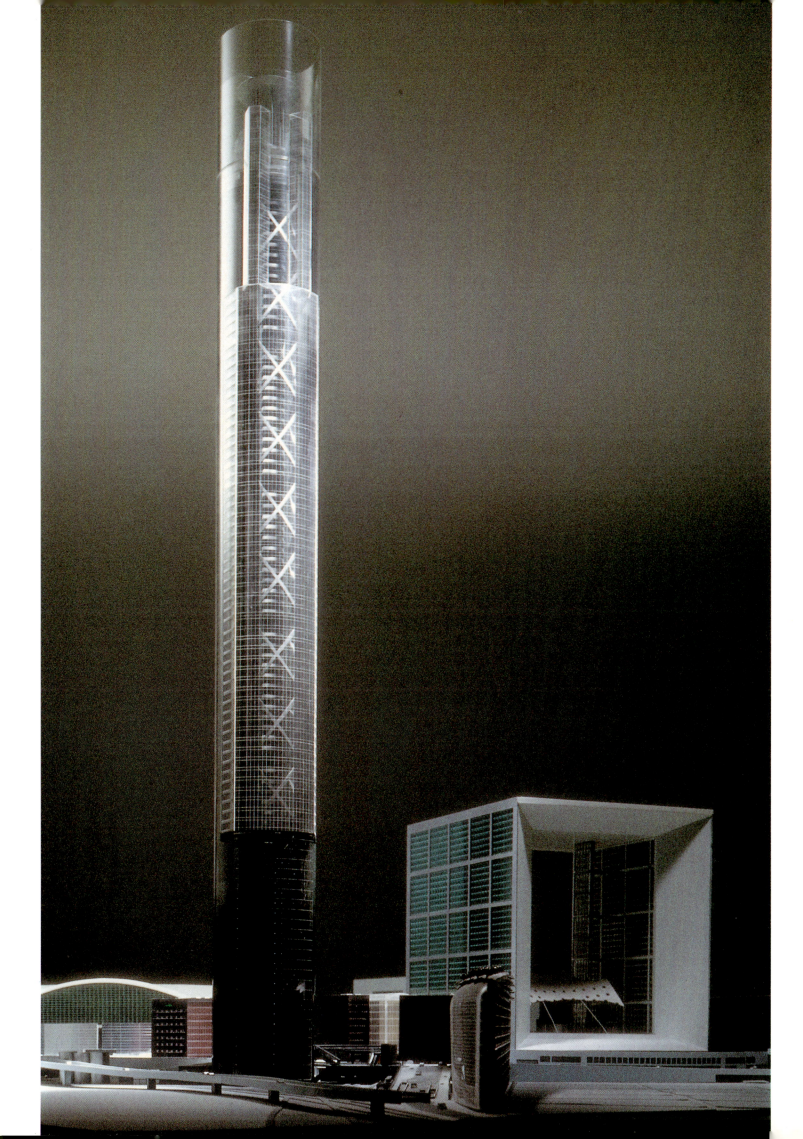

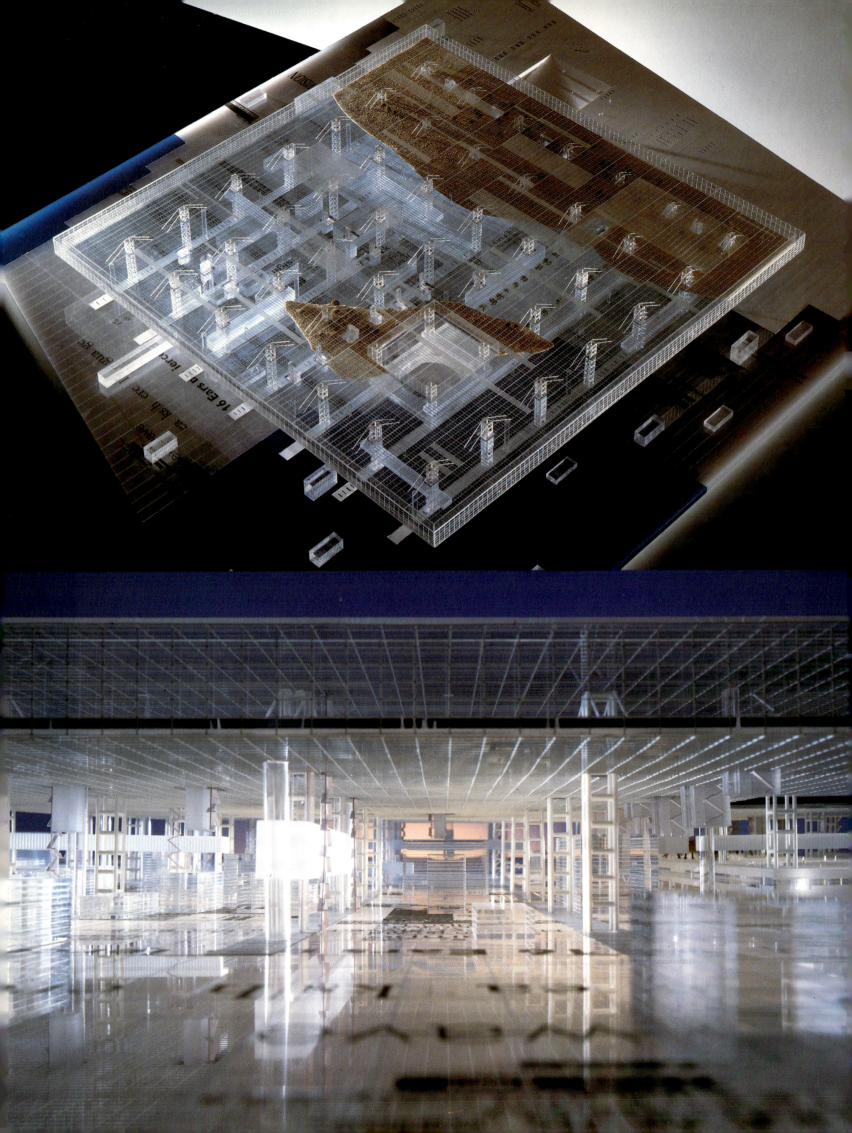

SHIN TAKAMATSU

Kyoto, Japan

In Kyoto zur Schule gegangen, wo er auch sein Architekturdiplom erhielt und 1980 sein Büro gründete, hat Shin Takamatsu eine besonders persönliche Architektur entwickelt, die von schweren, massiven und beeindruckenden Maschinen der Ingenieure des 19. Jahrhunderts ebenso inspiriert ist wie von mittelalterlichem Harnisch; sie besteht aus bedrohlichen Figuren, die gleichzeitig an den Film *Metropolis* von Fritz Lang erinnern und an die Samuraimasken, in denen er „die Symptome der Übel der Stadt" zusammenfassen wollte.

Vor nicht allzu langer Zeit haben „der flüchtige Charakter der Gesellschaft und die damit einhergegangenen Änderungen in der Architektur" seine Arbeit auf die Suche nach einer „aktiven Randzone", die den strengen Rahmen der Programme sprengt, neu orientiert. Seine Werke gewinnen dadurch, daß Materialeinsatz und Form eingeschränkt werden; seine Projekte erhalten so eine neue geometrische Einfachheit und Leichtigkeit.

Kristallmonolith in Yokohama, Japan

Als architektonisches Projekt im Rahmen des Forums der Architekturzeichnungen in Yokohama, welches der Verstärkung der Erinnerung dient, ist dieser Monolith für einen Erlebnispark bestimmt, welcher sich auf dem Standort eines ehemaligen Lagers von Rohmineralölerzeugnissen befindet. Die Idee ist, ein künstliches Meer, welches sich 30 Meter über der Erde befindet, in einem Glaskasten von 450 x 450 x 15 Metern zu erzeugen. In einigen Jahrzehnten wird es vielleicht keine unverschmutzten Ozeane mehr geben, und die Menschen werden sich vielleicht nicht einmal mehr daran erinnern, daß die Meere früher sauber waren.

Futuristische Hafenstadt

Hier handelt es sich um das Projekt eines Flughafens und einer utopischen Stadt für das Jahr 2050, welches den Anforderungen entspricht, die mit neuen Technologien verbunden sind, indem es sie in das nächste Jahrtausend extrapoliert. Das Anliegen des Architekten ist es, wahrscheinliche Änderungen in der Wahrnehmung von Raum und Zeit, die von der Revolution der Geschwindigkeit erzeugt werden, vorwegzunehmen.

Linke Seite
Kristallmonolith
Yokohama, Japan

Oben
Axonometrie
Unten
Innenansicht

Folgende Seiten
Futuristische Hafenstadt

Links
Lageplan
Rechts
Modellansicht

BIOGRAPHIEN

ALSOP & STÖRMER
WILLIAM ALSOP
Geboren 1947 in Northampton, Großbritannien.
1969: Diplom der Architectural Association, London.
1973-77: arbeitet bei Cedric Price.
1979: Gründung des Büros Alsop & Lyall.
1990: Gründung des Büros Alsop & Störmer.
Mitglied des Royal Institute of British Architects; Fellow der Royal Society of Arts; William Van Allen Medaille, New York.
Lehrte an der Saint-Martins School of Art, der Architectural Association, der Ball State University in Indiana und an der Universität von Wien.

JAN STÖRMER
Geboren 1942 in Berlin, Deutschland.
1962: Ingenieur- u. Architektur-Diplom, Bremen, Deutschland.
1969: Gründung der Me-di-um Architekten in Hamburg.
Diplom für Architektur.
1990: wird Partner von William Alsop.
Projekte und Ausführungen: Besucherzentrum, Bucht von Cardiff (1990); North Greenwich Museum, London (1991); Paddington Station, London (1992).

EMILIO AMBASZ
Geboren 1943 in Argentinien.
1965: MA für Architektur an der Universität von Princeton.
1970-76: Konservator der Abteilung für Design des Museum of Modern Art in New York.
Ausstellungen: Italy. The New Domestic Landscape (1972); The Architecture of Luis Barragan (1974); The Taxi Project (1976).
Lehrte an der Universität von Princeton und der Hochschule für Gestaltung in Ulm.
Projekte und Ausführungen: Mycal Sanda Kulturzentrum, Japan; Museum für folkloristische amerikanische Kunst, New York; Konservatorium des botanischen Zentrums von San Antonio, Texas (1988).

ARAKAWA UND MADELINE GINS
ARAKAWA
Geboren 1936 in Japan.
1961: läßt sich in New York nieder.
1987: Gründung der Containers of Mind mit Madeline Gins.
1994: Einweihung eines „Arakawa" Saals im Museum von Nordrhein-Westfalen in Düsseldorf.
Chevalier de l'Ordre des Arts et des Lettres (1986); Stipendiat der John Simon Guggenheim Stiftung (1987-88); Preis der Kritik, Belgien (1988).

MADELINE GINS
Geboren 1941 in New York, Vereinigte Staaten.
1962: Diplom des Barnard College, New York.
1963: Zusammenarbeit mit Arakawa an dem Projekt „der Mechanismus der Bedeutung".
Stellt mit Arakawa seit 1972 in Europa, den Vereinigten Staaten und Japan aus.
Projekte und Ausführungen: Nagi Ryoanji, Nagi MOCA, Japan (1994); Umkehrbares Schicksal (Themenpark und Haus), Giffu, Japan (1995).

ASYMPTOTE ARCHITECTURE
LISE ANNE COUTURE
Geboren 1959.
1986: Diplom für Architektur (MA) an der Yale Universität.
1988-89: Muschenheim Stipendiatin der Universität von Michigan.
Lehrte an der Städelschule in Frankfurt, der Universität von Michigan in Ann Arbor, dem Barnard College in New York, der Harvard Graduate School of Design und der Parsons School of Design in New York.

HANI RASHID
Geboren 1958.
1985: Diplom für Architektur (MA), Akademie der Künste von Cranbrook.
Lehrte an der Royal Danish Academy in Kopenhagen, am Southern California Institute of Architecture in Los Angeles, an der Harvard Universität und an der Universität von Columbia.
1987: Gründung von Asymptote Architecture in New York.
Projekte und Ausführungen: Sädtebauplan der Stadt Lanciano, Italien (1987); Steel Cloud, Los Angeles (Wettbewerb, preisgekröntes Projekt, 1988); Bibliothek von Alexandria, Ägypten (Wettbewerb 1989); Berlin Spreebogen, Deutschland (Wettbewerb 1993).

PETER COOK
Geboren 1936 in Southend Sea, Großbritannien.
1953-56: Kunstcollege in Bournemouth, Abteilung Architektur.
1960: Diplom der Architectural Association, London.
1961: erste Nummer des jährlich erscheinenden Magazins „Archigram", dem acht Ausgaben folgen.
1962: schließt sich der Taylor Woodrow Design Group an.
1968-76: Archigram Architects, bis dahin eine informelle Gruppe, wird offiziell gegründet.
Lehrt an der Bartlett School of the Built Environment und der Architectural Association in London.
Projekte und Ausführungen: Arcadia (1976-78); Langen Glass Museum, Deutschland, mit C. Hawley (1986); Westausgang, Berlin (1988); Komplex des Lutzowplatzes, Berlin (1989); HbK Kantine, Frankfurt (1989-92).

COOP HIMMELBLAU
WOLF-PREIS
Geboren 1942 in Wien, Österrreich.
Studierte an der Universität von Wien in Österreich und am SCI-Arc.
Lehrte an der Schule für angewandte Kunst von Wien, am SCI-Arc, an der Architectural Association in London und an der Harvard Universität.

HELMUT SWICZINSKY
Geboren 1944 in Poznam, Polen.
Studierte an der Universität von Wien in Österreich und am SCI-Arc.
1968: Gründung des Architekturbüros Coop Himmelblau in Wien.
Projekte und Ausführungen: Reiss Bar, Wien (1977); Rote Engel, Wien (1981); Museum von Groningen, Niederlande (1994).

DECQ UND CORNETTE
ODILE DECQ
Geboren 1955 in Laval, Frankreich.
1978: Architekturdiplom in Paris.
1979: Diplom für Städtebau und Anlage der Ecole des Sciences Politiques in Paris.

BENOIT CORNETTE
Geboren 1953 in La Guerche de Bretagne, Frankreich.
1978: Medizindiplom in Rennes.
1985: Architekturdiplom in Paris.
Projekte und Ausführungen: Banque Populaire de l'Ouest in Rennes, Frankreich (1990); Kontrollturm des Flughafens von Bordeaux (Wettbewerb 1993).

DRILLER & SCORIDIO
ELISABETH DILLER
Geboren 1954 in Lodz, Polen.
1979: Diplom der Cooper Union School of Architecture, New York.
Lehrt an der Universität von Princeton.

RICARDO SCOFIDIO
Geboren 1935 in New York, Vereinigte Staaten.
1960: Diplom für Architektur der Universität von Columbia.
Lehrt an der Cooper Union School of Architecture, New York.
Projekte und Ausführungen: Para-Site, Videoinstallation, New York (1991); SuitCase Studies, Installation, New York (1992); Glasdach für einen Komplex von Kinosälen, San José (1995).

GÜNTHER DOMENIG
Geboren 1934 in Klagenfurt, Österreich.
Großer internationaler Preis für Städtebau und Architektur, Cannes (1969); europäischer Preis für Metallbau (1975).
Lehrt an der Universität für Technologie in Graz, Österreich.
Projekte und Ausführungen: Schwimmhalle und Restaurant, Olympische Spiele von München (1975); Sparkasse, Wien (1979); Steinhaus, Steindorf (1986); Kraftwerk, Unzmarkt (1988); RESOWI, Universität von Graz (1994-96).

DU BESSET UND LYON
PIERRE DU BESSET
Geboren 1949 in Paris, Frankreich.
1974: Diplom der Ecole des Beaux-Arts in Paris.
1977-85: Zusammenarbeit mit Jean Nouvel.

DOMINIQUE LYON
Geboren 1954 in Paris, Frankreich.
1979: Diplom der Ecole des Beaux-Arts in Paris.
1979-85: Zusammenarbeit mit Jean Nouvel, dann mit Frank I. Gehry.
1986: Gründung des Büros Du Besset et Lyon.
Projekte und Ausführungen: Maison de La Villette, Park La Villette (1987); Sitz der Zeitung „Le Monde", Paris (1990); Pavillon de la France auf der Expo '92, Sevilla, Wettbewerb (1992); Universitätsbibliothek von Jussieu, Wettbewerb (1992).

SIR NORMAN FOSTER
Geboren 1935 in Manchester, Großbritannien.
1961: BA für Architektur und Städtebau der Universität von Manchester.
1962: MA der Yale Universität, Vereinigte Staaten.
1967: Gründung von Foster & Associates, heute Sir Norman Foster & Partners.
1990 von der Königin in den Adelsstand erhoben; 1994 Goldmedaille für Architektur des American Institute of Architects.
Projekte und Ausführungen: Kunstzentrum der Sainsbury Sammlung, Großbritannien (1974-78); Bank von Shanghai & Hong Kong, Hong Kong (1979); Sackler Galerien der Royal Academy,

London (1979); Stanstead, internationaler Flughafen von London (1991); Firmensitz der Commerzbank, Frankfurt (1991); Chek Lap Kok Flughafen, Hong Kong (1992); Kunstzentrum von Nîmes (1993).

Massimiliano Fuksas
Geboren 1944 in Rom, Italien.
1967: Gründung des Büros Massimiliano Fuksas in Rom.
1969: Diplom für Architektur der Universität La Sapienza, Rom.
Lehrte an der Universität La Sapienza in Rom, an der Akademie der Schönen Künste in Stuttgart, an der Ecole Spéciale d'Architecture in Paris und an der Universität von Columbia in New York.
Projekte und Ausführungen: Paliano Turnhalle, Italien (1985); Friedhof in Orvieto, Italien (1990); Umstrukturierung der Seine-Ufer in Clichy, Frankreich (preisgekröntes Wettbewerbsprojekt 1991); Altes Hafenviertel in Hamburg, Deutschland (Wettbewerb, preisgekröntes Projekt, 1991); Mediathek in Rezé, Frankreich (1991).

Frank O. Gehry
Geboren 1929 in Toronto, Kanada.
1954: Diplom für Architektur der Universität von Südkalifornien.
1960: Städtebaudiplom der Harvard Universität.
Arbeitete mit Victor Gruen, Pereira & Luckman in Los Angeles und mit André Rémondet in Paris.
1962: Gründung des Büros Frank O. Gehry & Associates.
Pritzker-Preis (1989); Lilian Gish Preis (1994).
Projekte und Ausführungen: Werkstatt für Ron Davis, Malibu (1972); Gehry Haus, Santa Monica (1978); juristische Schule Loyola, Los Angeles (1982); Winton Haus, Minneapolis (1987); Vitra Museum, Weil am Rhein (1989); Eurodisney Freizeitpark, Frankreich (1990); Konzertsaal, Los Angeles (Wettbewerb, preisgekröntes Projekt, 1991); Centre américain, Paris (1993).

Nicholas Grimshaw
Geboren 1939 in Hove, Großbritannien.
1965: Diplom der Architectural Association, London.
1980: Gründung des Büros Nicholas Grimshaw & Partners.
Fellow der Chartered Society of Designers (1988); Doktor der Philosophie der Universität von South Bank, London (1993); Commander of the Order of the British Empire (CBE) (1993); Preis des Mies Van der Rohe Pavillons (1995).
Projekte und Ausführungen: Eisbahn von Oxford (1982); Druckerei der Financial Times, London (1988); Betriebszentrum von British Airways, Heathrow (1993); Britischer Pavillon der Expo '92, Sevilla (1992).

Zaha Hadid
Geboren 1950 in Bagdad, Irak.
1977: Diplom der Architectural Association, London.
Lehrte an der Architectural Association, der Universität von Columbia, der Harvard Universität und an der Universität von Graz in Österreich.
Goldmedaille für Architectural Design, London (1982).
Projekte und Ausführungen: The Peak, Hong Kong (Wettbewerb, preisgekröntes Projekt 1983); Videopavillon von Groningen, Niederlande (1990); Restaurant Mansoon, Sapporo, Japan (1990).

Itsuko Hasegawa
Geboren 1941 in Shizuoka, Japan.
1964: Diplom für Architektur der Kanto Gakuin Universität, Japan.
1964-69: arbeitet mit Kiyonori Kikutake.
1969-78: Assistentin von Kazuo Shinohara am Institut für Technologie von Tokio.
1979: Gründung des Büros Itsuko Hasegawa.
Preis des architektonischen Instituts von Japan (1986); Aron Arts Preis (1990).
Lehrte an der Denki Universität in Tokio und an der Harvard Universität in den Vereinigten Staaten.
Projekte und Ausführungen: Werkstatt von Tomigaya, Japan (1986); Shiranui Krankenhaus, Japan (1990); Cona Dorf, Japan (1990); Informationszentrum Footwork, Japan (1992).

Jacques Hondelatte
Geboren 1942 in L'Absie, Frankreich.
1967: Gründung des Büros Duprat, Fagart, Hondelatte.
1969: Diplom für Architektur der Ecole d'Architecture von Bordeaux.
1978: Gründung des Büros Hondelatte in Bordeaux.
Lehrt an der Ecole d'Architecture in Bordeaux.
Projekte und Ausführungen: Sozialwohnungen in Castres, Frankreich (1979); Wohnungen in Angoulême, Frankreich (1983); Gymnasium in Pessac mit Jean Nouvel, Frankreich (Wettbewerb, 1984); Universitätsbibliothek von Jussieu, Frankreich (Wettbewerb 1992); Lalanne Gebäude in Messanges, Frankreich (1995).

Franklin D. Israel
Geboren 1945 in New York, Vereinigte Staaten.
1967: BA an der Universität von Pennsylvania.
1968: Yale Universität.
1971: MA an der Universität von Columbia, New York.
1975-77: leitender Architekt bei Llewelyn-Davies.
1977: Gründung des Büros Franklin D. Israel Design Associates.
Preis von Rom für Architektur (1973).
Lehrt an der Hochschule für Kunst und Architektur der Universität von Kalifornien in Los Angeles.
Projekte und Ausführungen: Firmensitze von Limelight Productions, Hollywood (1991) und Virgin Records, Beverly Hills (1991); Dan Haus, Malibu (1995).

Toyo Ito
Geboren 1941 in Seoul, Korea.
1965: Diplom für Architektur der Universität von Tokio.
1971: Gründung des Büros Urban Robot (URBOT) in Tokio, heute Toyo Ito & Associates Architects.
Mainichi Kunstpreis für das städtische Museum von Yatsushiro in Japan (1992).
Projekte und Ausführungen: städtisches Museum von Yatsushiro, Kumamoto (1991); städtisches Museum von Shimosuwa, Nagano (1993); Altersheim von Yatsushiro, Kumanoto (1994); Feuerwehrkaserne von Yatsushiro, Kumamoto (1995).

Daniel Libeskind
Geboren 1945 in Lodz, Polen.
1970: Diplom für Architektur an der Cooper Union School of Architecture, New York.
1972: Doktorarbeit Geschichte und Theorie der Architektur an der Universität von Essex, Großbritannien.
Lehrte an der Kunstakademie von Cranbrook.
Projekte und Ausführungen: Pavillon Weltdesign, Japan (1989); städtisches Projekt als Symbol für die Stadt, Niederlande (1993).

Enric Miralles Moya
Geboren 1955 in Spanien.
1978: Diplom für Architektur an der ETSAB, Barcelona.
1984: Gründung des Büros Miralles und Carmen Piños, heute Enric Miralles Moya.
Lehrt an der ETSAB in Barcelona und leitet „Master Classes" für Architektur an der Städelschule in Frankfurt.
Projekte und Ausführungen: Firmensitz des Circulo de Lectores, Madrid (1992); Bürgerzentrum La Mina, Barcelona (1993); Ramblas in Reux, Tarragona (1993); nationales Zentrum für rhythmische Gymnastik, Alicante (1994).

Morphosis
Thom Mayne
Geboren 1944 in Waterbury, Connecticut, Vereinigte Staaten.
1968: BA für Architektur an der Universität von Südkalifornien.
1978: MA für Architektur an der Harvard Universität.
1972: Mitbegründer des Instituts für Architektur von Südkalifornien (SCI-Arc).
1975: Gründung mit Michael Rotondi des Büros Morphosis.
Lehrt an der Harvard Universität, der Yale Universität und am SCI-Arc.
Preis von Rom (1977); Preis für Architektur der American Academy of Arts and Letters (1992).
Projekte und Ausführungen: Erweiterung des Cedars Sinai Krankenhauses, Los Angeles (1987); AGB Bibliothek, Berlin (1988); MTV Studio, Berlin (1990).

Eric Owen Moss
Geboren 1943 in Los Angeles, Vereinigte Staaten.
1965: Ba der Universität von Kalifornien (UCLA), Los Angeles.
1968: MA der Universität von Berkeley.
1974: Diplom für Architektur der Harvard Universität.
Gründung des Büros Eric Owen Moss Architects.
Lehrt am Institut für Architektur von Südkalifornien (SCI-Arc).
Projekte und Ausführungen: Lindblade Gebäude, Culver City (1989); Lawson/Western Haus, Los Angeles (1993); Ince Theater, Culver City (1994).

Jean Nouvel
Geboren 1945 in Fumel, Frankreich.
1970: Gründung seines ersten Büros, heute Architectures Jean Nouvel.
1972: Diplom der Ecole des Beaux-Arts in Paris.
Chevalier de l'Ordre des Arts et des Lettres (1983); Chevalier de l'Ordre du Mérite (1987); großer Preis für Architektur (1987).
Projekte und Ausführungen: Institut du Monde Arabe, Paris, mit G. Lezenes, P. Soria, Architecture Studio (1987); CLMBBDO Agentur, Ile Saint-Germain (1993); Kongreßpalast von Tours (1993); Sozialwohnungen in Bezons (1993).

Office of Metropolitan Architecture
Rem Koolhaas
Geboren 1944 in Rotterdam, Niederlande.
1972: Diplom der Architectural Association, London.
1974: Gründung des OMA in London und New York mit Madelon Vriesendorf, Zoe und Elia Zenghelis.
1978: Veröffentlichung von „New Yorker Rausch".
1980: Gründung des OMA in Rotterdam.
Projekte und Ausführungen: Tanztheater, Den Haag (1987); Byzantium, Amsterdam (1990); Nexus Wohnungen, Fukuoka (1991); Konsthal, Rotterdam (1992); Kongreßpalast und Euralille Städtebauplan, Lille (1994).

Renzo Piano
Geboren 1937 in Genua, Italien.
1964: Diplom des Politecnico in Mailand.
1965-70: arbeitet mit Louis Kahn in Philadelphia und Z.S. Malowski in London.
1971-80: Zusammenarbeit mit Richard Rogers, Peter Rice und Richard Fitzgerald.
1981: Gründung des Büros Building Workshop in Genua und in Paris.
Projekte und Ausführungen: Centre Georges Pompidou, Paris (1977); De Ménil Stiftung, Houston, Texas (1989); Passagierdampfer Crown Princess (1989); Geschäftszentrum von Bercy, Paris (1990).

Christian de Portzamparc
Geboren 1944 in der Bretagne, Frankreich.
1969: Diplom der Ecole des Beaux-Arts von Paris.
1971: Gründung des Büros Christian de Portzamparc.
Lehrte an der Ecole Spéciale d'Architecture von Paris und an der Ecole d'Architecture von Paris-Nanterre.
Commandeur de l'Ordre des Arts et des Lettres; großer Preis der Architektur (1992); Pritzker-Preis (1994).
Projekte und Ausführungen: „Hautes-Formes"-Wohnungen, Paris (1975); Tanzschule des Opernhauses von Nanterre (1983); Bourdelle-Museum, Paris (1992).

François Roche
Geboren 1961 in Paris, Frankreich.
1987: Diplom für Architektur.
1993: Veranstaltung am Institut Français d'Architecture.
Stipendiat der Villa der Medici „extra muros".
Projekte und Ausführungen: Wettbewerb für die Maison du Japon, Paris (1990); Gebäude zur Filmlagerung, Bois d'Arcy (1991); Musée des Arts et Médias, Tourcoing (Wettbewerb, 1991); Spreebogen, Berlin (Wettbewerb, 1993); Rehabilitierung des Schwimmbads Deligny, Paris (1993).

Sir Richard Rogers
Geboren 1933 in Florenz, Italien.
1959: Diplom der Architectural Association, London.
1961: Diplom für Architektur der Yale Universität, Vereinigte Staaten.
1963: Gründung von Team 4 mit Sue Rogers und Norman und Wendy Foster.
1971: Gründung des Büros Piano & Rogers, heute Sir Richard Rogers & Partners in London und Tokio.
Ehrenlegion (1986); Goldmedaille des Royal Institute of British Architects (1985); von der englischen Königin 1991 in den Adelsstand erhoben; Chevalier de l'Ordre des Arts et des Lettres (1995).
Lehrte an der Universität von Kalifornien, an der Universität von Princeton und an der Universität von Berkeley.
Projekte und Ausführungen: Centre Georges Pompidou (1977); Sitz von Lloyds, London (1986); INMOS-Werk, Newport, Großbritannien (1982); Sitz des Fernsehsenders Channel 4, London (1991).

Shin Takamatsu
Geboren 1948 in Shimana, Japan.
1971: BA für Architektur der Universität von Kyoto.
1974: MA für Architektur an der Universität von Kyoto.
1980: Doktorat an der Universität von Kyoto.
Gründung des Büros Shin Takamatsu Architects & Associates in Kyoto.
Fuchi Bikan Preis (1983), Preis des International Interior Design (1987); großer Preis der Vereinigung der Architekten der Präfektur von Osaka (1987).
Projekte und Ausführungen: Wako Gebäude, Tokio (1990); Sand-Museum, Nima (1990); Syntax, Kyoto (1990); Solaris-Gebäude, Awagasa (1990); Earthtecture, Tokio (1991).

Masharu Takasaki
Geboren 1953 in Kagoshima, Japan.
1976: Diplom der Hochschule für Architektur der Universität von Meijo.
1982: Gründung der Takasaki Manobito Instituts.
1990: Gründung des Büros Masaharu Takasaki Architects.
Erster Preis des internationalen Hauswettbewerbs der Zeitschrift „The Japan Architect".
Lehrt an der Universität für Technologie von Stuttgart und an der Universität von Graz.
Projekte und Ausführungen: Crystal Light, Tokio (1987); Museum des Observatoriums von Tamana, Kumamoto (1992); Restaurant des Kuju Nationalparks, Oita (1994); Astronomisches Museum Kihoku-cho, Kagoshima (1995); Shomyo Kindergarten, Kagoshima (1995).

Kiyoshi Sey Takeyama
Geboren 1954 in Osaka, Japan.
1977: Ba der Universität von Kyoto.
1979: MA der Universität von Tokio.
Lehrt an der Universität von Kyoto.
Projekte und Ausführungen: OXY Nogizaka, Tokio (1987); D-Hotel, Osaka (1989); TERRAZA, Tokio (1991); Haus des Blauen Bildschirms, Osaka (1993).

Bernard Tschumi
Geboren 1944 in Lausanne, Schweiz.
1969: Diplom für Architektur am Eidgenössischen Institut für Technologie (ETH) in Zürich.
Dekan der Schule für Architektur der Universität von Columbia in New York.
Projekte und Ausführungen: Verantwortlicher des Projekts für den Park La Villette, Paris (1983); Pont-Villes, Lausanne (1988); Videogalerie, Groningen, Niederlande (1989); Übersichtsplan, Chartres, Frankreich (Wettbewerb, preisgekröntes Projekt, 1991).

Lebbeus Woods
Geboren 1940 in Lansing, Vereinigte Staaten.
Ingenieursdiplom der Universität Purdue.
Diplom für Architektur der Universität Illinois.
Lehrte an der Cooper Union School of Architecture in New York, an der Universität von Harvard und Columbia sowie an der Universität von Innsbruck in Österreich.
Projekte und Ausführungen: Zagreb, Freie Zone (1991); Krieg und Architektur (1992-93); Electroprivrede-Wohnungen, Sarajevo (1994); Projekte für Havanna (1995).

Shoei Yoh
Geboren 1940 in Kumamoto, Japan.
1962: BA für Wirtschaft an der Keio Gijuku Universität, Tokio.
1964: ausländischer Stipendiat und Diplom der bildenden und angewandten Kunst der Wittenberg Universität in Springfield, Ohio, USA.
1970: Gründung des Büros Shoei Yoh & Associates in Fukuoka.
Lehrt an der Universität von Columbia in New York und an der Universität von Kyushi in Japan.
Preis des japanischen Instituts für Architektur (1983 und 1989); Iaks Preis von Köln, Goldmedaille (1993).
Projekte und Ausführungen: Haus aus rostfreiem Stahl mit Lichtgitter (1981); ein weiteres Haus aus Glas zwischen Himmel und Meer (1991); Galaxie und Turnhalle in Toyama (1992); Stadtteilzentrum und Kindergarten in Naiju (1994); Zentrum für Kinder und ältere Menschen (1995).

GLOSSAR

ARCHITEKTEN

Alberti Leone Battista (1404–72)
Maler, Musiker, Gelehrter, Architekt. Alberti ist der „vollkommene" Mensch der Renaissance. Seine Abhandlung „De re aedificatoria" definiert das Bauwerk als eine Gesamtheit, deren Teile harmonieren, und die Architektur als eigenständige Disziplin.

Baumgarten Paul
Berliner Architekt der Moderne, der in den 30er Jahren mit der Firma Eternit interessante Forschungen durchführte. Er baute den Müllverladebahnhof am Spreekanal (1950) und ein ansehnliches Gebäude im Hansaviertel (1957). Seine Anlage des Reichstagsgebäudes aus den 60er Jahren wird abgerissen, um für das neue Projekt von Sir Norman Foster Platz zu schaffen.

Bayer Herbert
Bayer wurde Anfang des Jahrhunderts in Österreich geboren und war Bauhausschüler in Weimar, ehe er dessen Professor für Typographie und Werbung in Dessau wurde. Seit 1938 setzt er seine Karriere in den Vereinigten Staaten fort.

Behrens Peter (1868–1940)
Behrens ist ein Erbe von Schinkel und der klassischen Tradition, aber auch der Architekt, der seit Anfang des Jahrhunderts neue Beziehungen zur Industrie aufnimmt. Durch seine Zusammenarbeit mit der Firma AEG entsteht das industrielle Design. Drei junge Architekten machen in den 20er Jahren bei Behrens ein Praktikum: Walter Gropius, Le Corbusier und Mies Van der Rohe.

Gropius Walter (1883–1969)
Gropius wird in der Bewegung von Behrens und des industriellen Rationalismus ausgebildet, begründet die Lehre des Bauhauses, geht ins Exil, zunächst nach England, dann in die Vereinigten Staaten, wo er durch seinen Unterricht in Harvard großen Einfluß ausübt. Er war für Emery Roth & Sons der Ratgeber für das Gebäude von Pan Am in New York (1964).

Hejduk John (1929–)
Dieser amerikanische Architekt und Dichter und gehörte zu den ersten, die die Fiktion in das architektonische Projekt einführten. Bedeutender Einfluß durch seine Rolle als Leiter der Cooper Union School of Architecture seit 1964 und als Theoretiker und Mitglied der N.Y. Five (mit R. Meier, P. Eisenman, Ch. Gwathmey, M. Graves).

Isozaki Arata (1931–)
Schüler von Kenzo Tange, Mitglied der metabolistischen Bewegung, von westlicher Kultur geprägt (Duchamp und Marilyn Monroe); Urheber eines glänzenden und eklektischen Werks.

Johnson Philip (1906–)
War der erste Konservator der Abteilung für Architektur des Museums für moderne Kunst von New York und wurde 1940 Architekt, nachdem er 1938 das Exil von Mies Van der Rohe in die Vereinigten Staaten bewerkstelligt hatte und sein treuester Schüler wurde, ehe er sich der Postmoderne zuwandte, die er besonders zynisch besang.

Kahn Louis I. (1901–1975)
Wurde in Philadelphia ausgebildet und erlangte mit seinem Gebäude für die Galerie von Yale (1954) eine späte Anerkennung, ehe er mit Gebäuden wie dem Salk Institute in La Jolla (1965), dem Kimbell Museum in Dallas und dem Parlament von Dakka in Bangladesh (1974) der Klassischste der Modernen wurde.

Kikutaké Kiyonori (1928–)
Begründer und Anführer der japanischen Metabolisten und Urheber von großen utopischen, im Japan der 60er Jahre verbreiteten Projekten mit Megastrukturen, von Luft- und Unterwasserstädten.

Kleihues Josef Paul (1933–)
Deutscher Architekt, dessen Werk den italienischen Rationalismus mit dem preußischen Klassizismus verbindet. Ab 1979 übt er als Leiter der I.B.A. in Berlin einen entscheidenden Einfluß aus.

Laprade Albert
Französischer Architekt. Erbaute mit L. Bazin die Garage Marbeuf (1929), die heute nicht mehr besteht, und nahm aktiv an der Ausstellung von Paris im Jahr 1937 teil.

Le Corbusier Charles Edouard Jeanneret, genannt (1887–1966)
Einer der großen Meister des Jahrhunderts, dessen theoretisches Werk über die Umsetzung von diskutablen architektonischen und städtebaulichen Prinzipien zuweilen ein bahnbrechendes und formenreiches Werk verbirgt. Seine Meisterwerke: die Savoye-Villa in Poissy und die Stein-Villa in Garches, das Gebäude der Heilsarmee in Paris, das Wohngebäude von Marseille, das Kloster von La Tourette, die Kapelle von Ronchamp und die Stadt Chandighar in Indien gehören zu den Monumenten unseres Jahrhunderts.

Lissitzky El (1890–1941)
Einer der Begründer und Proselyt des russischen Konstruktivismus der 20er Jahre. Seine „Proun", die von Malewitsch und dem Suprematismus beeinflußt sind, inszenieren eine schwerelose Architektur.

Loos Adolf (1870–1933)
Loos ist Wiener, entschiedener Gegner der Sezession und reist nach Amerika, wo er Sullivan und die Schule von Chicago entdeckt, die ihn zu dem berühmten Ausspruch „die Verzierung ist ein Verbrechen" inspirieren. Seine Gebäude sind von moderner Sachlichkeit. Sein Steiner-Haus (1910) gilt als das erste Wohnhaus aus Beton.

Meier Richard (1934–)
Amerikanischer Architekt, der Le Corbusiers Architektur der „weißen Villen" zur Vollendung führte.

Mendelsohn Erich (1887–1953)
Deutscher Expressionist, Urheber eines Kultgebäudes der Epoche: des Einstein-Turms (1924) in Potsdam. Mendelsohn baute einige der bemerkenswertesten Geschäftsgebäude (Läden und Büros) der deutschen Architektur zu Beginn der 30er Jahre. Nach 1993 setzt er seine Karriere in England fort, dann in den Vereinigten Staaten.

Mies Van der Rohe Ludwig (1886–1969)
Einer der großen Meister der Architektur des 20. Jahrhunderts, der klassischste und einflußreichste der „reinen" Modernen. Unter seinen Meisterwerken: der Ausstellungspavillon von Barcelona (1927), die Wohngebäude der Lake Shore Drive in Chicago (1951), das Seagram Building in New York (1958) und die Nationalgalerie von Berlin (1968).

Mozuna Kiko (1941–)
Japanischer Architekt, der versucht, die östliche und westliche Kultur in Objekten mit stark symbolischer Konnotation in Einklang zu bringen.

Neutra Richard
Wiener Architekt im Exil in den Vereinigten Staaten, wo er in Chicago arbeitet, ehe er sich in Los Angeles niederläßt. Dort baut er 1929 das Lovell-Haus, das eines der vollendeten Vorbilder der modernen Architektur bleibt. Sein weit verbreitetes Werk hat großen Einfluß auf die ganze Generation der kalifornischen Architekten der Nachkriegszeit.

Piñon & Viaplana
Architekten der neuen Schule von Barcelona.

Piños Carmen
Spanische Architektin, Partnerin von Enric Miralles Moya.

Poelzig Hans (1869–1936)
Expressionistischer deutscher Architekt, der in den 20er Jahren einflußreich war (großes Theater von Berlin, 1919), dessen Werk, das durch den Rationalismus in den Hintergrund geriet, wieder auf Interesse stößt.

Price Cedric
War britischer Architekt, Dandy und graue Eminenz einer ganzen Generation und verband auf brillante Art High-Tech, Umweltschutz und Recycling in theoretischen Projekten (Potteries Thinkbelt, Fun Palace) oder in kurzlebigen Einrichtungen, die noch heute großes Interesse finden. Ein Kultgebäude: das InterAction-Zentrum in London (1977). Lehrt bei der Architectural Association.

Scharoun Hans (1893–1972)
Scharoun war Expressionist der ersten Stunde, Mitglied der „Glaskette" von Bruno Taut und machte nach dem zweiten Weltkrieg eine späte Entwicklung durch. Er war Leiter des Plans für den Wiederaufbau von Berlin, zeichnete für den Plan Hauptstadt Berlin (1957) verantwortlich sowie für das Wohngebäude Romeo und Julia in Stuttgart und erbaute 1964 sein Meisterwerk, die Berliner Philharmonie.

Schinkel Karl Friedrich (1781–1841)
Der deutsche Architekt des Berliner Klassizismus, beeinflußte sowohl Peter Behrens als auch Mies Van der Rohe.

Schindler Rudolf (1887–1953)
Schindler ist Wiener Architekt, Bewunderer von Adolf Loos, geht im zweiten Jahrzehnt dieses Jahrhunderts in die Vereinigten Staaten und arbeitet mit F.L. Wright zusammen, ehe er sein Büro in Los Angeles eröffnet. Er macht dort eine glänzende und einzigartige Karriere und hinterläßt zwei unbestrittene Meisterwerke: sein eigenes Haus in der King's Road und das „Strand"-Haus von Doktor Lovell in Newport

Beach (1926). Schindler wird in gewisser Art von De Stijl beeinflußt. Heute erkennt man erst recht seine subtile Empfänglichkeit für den Kontext Südkaliforniens und die passende Bauart seiner Werke in dieser Gegend.

Shinohara Kazuo (1925–)
Dieser japanische Architekt baut Häuser von großer schlichter Eleganz, in denen sich „japanische Eigenschaften" und ein subtiler Symbolismus behaupten; in seinen reifen Werken ist das High-Tech, das das Chaos der japanischen Stadt ausdrücken soll, besonders stark ausgeprägt.

Stirling Sir James (1926–1992)
Stirling ist zunächst als moderner orthodoxer Architekt anerkannt, unterliegt dann dem Einfluß der Historizisten und baut am Ende seiner Karriere merkwürdige Gebäude, in denen sich ägyptische, klassische und barocke Anspielungen auf ironisch-brillante Art mischen; die Apotheose dieser Bauweise ist die Stadtgalerie von Stuttgart.

Taut Bruno (1880–1938)
Sein Glaspavillon für die Ausstellung des Kölner Werkbundes (1914) ist das Vorspiel zur Glasarchitektur, die er mit den Expressionisten der Novembergruppe entwickelt. Er baut in Berlin zwei markante Siedlungen: den Britz-Komplex (mit Martin Wagner 1930) und den Komplex „Onkel Toms Hütte" (1931). Er geht 1933 ins Exil, zunächst nach Japan, dann in die Türkei.

Tusquets Oscar (1941–)
Architekt aus Barcelona, dessen Verteidigung der Anekdote gegen die Theorie, des Besonderen gegen das Allgemeine, der Zweideutigkeit gegen die Klarheit und des Gegenständlichen gegen das Abstrakte ihn zu einem der abenteuerlichsten europäischen Architekten macht.

Van Doesburg Theo (1883–1931)
War Maler und Begründer (mit J.J. Oud) der De Stijl-Bewegung, die sich auf die Ideen von Mondrian, auf die Architektur und das Design angewendet, stützt, und ihr aktivster Vertreter. Zusammen mit Jean Arp baute er nur ein Café in Straßburg, L'Aubette, und sein eigenes Haus mit Werkstatt in Meudon.

Venturi Robert
Amerikanischer Architekt, dessen Werke „Komplexität und Widerspruch in der Architektur" und „die Lehre von Las Vegas" ihn zum einflußreichsten Theoretiker der Postmoderne gemacht haben.

Webb Michael (1937–)
Britischer Architekt, Mitglied der Archigram Gruppe.

Wright Frank Lloyd (1867–1959)
Der große Meister der amerikanischen Architektur, dessen mit Rückschlägen behaftete Karriere einen guten Teil des Jahrhunderts überspannt. Sie begann in Chicago unter dem Schutz von Sullivan, setzte sich in Japan fort und dann in den ganzen Vereinigten Staaten. Wright baute mehr als 400 Gebäude, von denen wir nur einige Meisterwerke nennen: die Unitarische Kirche von Oak Park (1906), das Robie-Haus (1909), die Miniatura von Pasadena (1923), das Kaskadenhaus (1936), das Gebäude von Johnson Wax (1939), den Campus von Lakeland (1940-50).

GEBÄUDE

Broadacre City
Das Projekt Frank Lloyd Wrights für einen demokratischen Städtebau: ein gleichmäßig aufgeteiltes Gebiet ohne jegliches Stadtzentrum.

Centre Pompidou
Der vollendetste Ausdruck der Technik in einem High-Tech-Gebäude, dessen „handwerklichen" Charakter seine Erbauer Piano & Rogers oft hervorgehoben haben.

Kapelle von Ronchamp
Das gewundenste Werk Le Corbusiers, das am Ende seiner Karriere gebaut wurde, zur gleichen Zeit, als er das Gedicht mit dem rechten Winkel schrieb. Eine Pirouette des Meisters?

Gartenstadt
Die Gartenstadt von Ebenezer Howard wurde von den sozialistischen Utopisten des 19. Jahrhunderts inspiriert, bringt den Städter mit der Natur in Einklang und schafft, geschützt vor der Unwirtlichkeit der Stadt, ein selbstgenügsames Gemeinschaftsleben. Howard schuf ihr Modell in Letchworth (1903).

Crystal Palace
Der Crystal Palace wurde anläßlich der Weltausstellung in London gebaut und war wegen seiner Größe und der gewagten Technik sofort eine Sensation: eine Struktur aus vorgefertigtem Eisen und Glas. Wurde am Ende der Ausstellung abgebaut und in Sydenham wiederaufgebaut und 1936 durch einen Brand zerstört.

Nationalgalerie von Berlin
Das letzte Werk von Mies Van der Rohe (1968) und die Monumentalisierung des Pavillons zwischen preußischem Klassizismus und dem Minimalismus japanischer Tradition.

Glaspavillon
Der Glaspavillon Bruno Tauts wurde 1914 anläßlich der Ausstellung des Deutschen Werkbundes gebaut und ist das Modell einer modernen Architektur, deren bauliche Strenge die formellen Bedenken nicht ausschließt.

Siedlungen
Im Deutschland der 20er Jahre wurde eine Reihe von Wohnkomplexen gebaut, die von den modernen Architekten beeinflußt waren. Die Politik der Sozialwohnung erlebte damals eine spektakuläre Entwicklung und war für die damalige Zeit oft von sehr guter Qualität. May in Frankfurt, Gropius, Taut, Scharoun, Mies Van der Rohe in Berlin gehörten zu den Architekten, die an diesem Abenteuer teilnahmen.

Ville Radieuse
Le Corbusier zufolge die ideale Stadt (1935).

GRUPPEN

Archigram
1961 erscheint die erste Nummer von Archigram, einer Art Zeitschrift, die von einer Gruppe junger Londoner Architekten (Warren Chalk, Peter Cook, Denis Crompton, David Greene, Ron Herron, Michael Webb) gemacht wird. Es gibt acht Ausgaben, in denen die Gruppe eine Architektur entwickelt, die von der Konsumgesellschaft und der Bilderwelt des Pop beeinflußt ist, und die in ihrer durchdachten Version die Grundlage des britischen High-Tech darstellt.

Grazer Schule
Raimund Abram und Günther Domenig sind in den 60er Jahren die Begründer einer Bewegung als heftige Reaktion auf den internationalen Stil, die sich in den 70er Jahren mit jungen Architekten wie Enfried Huth, Szyskowitz & Kowalsky, Klaus Kada oder Gerngross & Richter fortsetzt. Das Monument dieser Periode dürfte das Refektorium der Ursulinerschwestern in Graz sein, ein zoomorphes Gebäude aus ausgekragtem Beton, das von Domenig und Huth entworfen wurde (1976).

Haus Rücker Co
Haus Rücker Co wurde zu Beginn der 70er Jahre in Wien von Laurids Ortner, Günther Zamp und Klaus Pinter gegründet und stellte in festlichen und provozierenden Kundgebungen Fragen zur Gewohnheit der Stadt und der Einführung der Kommunikationstechnologien in die städtische Umwelt.

Independent Group
Die I.G. wurde 1952 in London gebildet, ihr gehörten u.a. die Künstler Richard Hamilton und Paolo Paolozzi, die Kritiker Reyner Banham und Lawrence Alloway und die Architekten Peter und Alison Smithson an. Ihre Ausstellung bei der ICA im Jahr 1956, „This is to-morrow", die mit Werbeanzeigen, populären Magazinen und Science-fiction-Bildern markiert ist, nimmt die Pop Art und die High-Tech-Architektur in ihrer romantischen Version vorweg.

Missing Link Productions
Raumkapseln, aufblasbare Strukturen und Zukunftsbilder stellen die Waffen dieser Wiener Gruppe der 70er Jahre dar, um das Leben in der Stadt zu reformieren. Danach kommt Missing Link auf die Erde zurück, um die Wiener Siedlungen der 30er Jahre unter einer mehr historischen als futuristischen Perspektive zu untersuchen.

Novembergruppe
Während eines kurzen Zeitraums von 1918 bis 1920 vereinigt die Novembergruppe in einer expressionistischen Bewegung alles, was Berlin an jungen Aktivisten der Architektur hat, von Gropius bis Mendelsohn und von Taut bis Mies Van der Rohe. Die Gruppe wird durch die Unterdrückung des Spartakusaufstandes aufgelöst. Bruno Taut führt ihre expressionistische Ader in seiner „Glaskette" weiter, während Gropius das rationalistische Bauhaus gründet.

INGENIEURE

Brunel Isambard Kingdom (1806–1859)
Einer der großen englischen Ingenieure des 19. Jahrhunderts. Wir verdanken ihm unter anderem die Clifton-Hängebrücke in Bristol und die Passagierdampfer Great Western und Great Eastern. Er ist auch der Erfinder des ersten abbaubaren und wiederverwendbaren Krankenhauses, das für den Krimkrieg entworfen wurde.

Candela Felix (1910–1994)
Candela war nach Mexiko emigrierter Spanier und spezialisierte sich auf dünne Betonschirme (Kirche von Unserer Wundertätigen Jungfrau in Mexiko, 1955).

Fitzpatrick Antony (1955–)
Englischer Ingenieur, eines der brillanten Mitglieder der Firma Ove Arup. Arbeitet mit den besten Architekten der Gegenwart zusammen. Realisierte mit Sir Norman Foster den Bau der Bank von Shanghai & Hong Kong.

Freyssinet Eugène (1879–1962)
Französischer Ingenieur. Schuf Brücken und die großartige Flugzeughalle von Orly (1916).

Fuller Richard Buckminster (1895–1989)
Schlechter Schüler und Autodidakt, gilt Fuller als einer der glänzendsten Ingenieure dieses Jahrhunderts. Er wurde zunächst von der Automobilproduktion beeinflußt und entwarf ein industrialisiertes Haus, das Dymaxion (1927). Später dehnte er seine Forschung auf die Netzstrukturen aus, für die die geodätische Kuppel der vollendete Ausdruck ist.

Morandi Riccardo (1902–)
Italienischer Ingenieur, der durch seine Bauwerke aus Spannbeton bekannt wurde: die Arno-Brücke (1956), das Viadukt von Polcevera der Autostrada del Sole (1965).

Nervi Pier Luigi (1891–1979)
Italienischer Ingenieur, Spezialist für große Spannweiten. Sein wichtigstes Werk ist der Ausstellungspalast von Turin (1949).

Arup Ove (1895–1993)
Nach London emigrierter Skandinavier. Ove Arup nahm an allen großen Abenteuern der zeitgenössischen Architektur teil, indem er mit so unterschiedlichen Architekten wie Lubetkin, den Smithsons, Jorn Utzon oder Piano & Rogers zusammenarbeitete.

Paxton Joseph (1803–1865)
Paxton war Brite, Gärtner und Autodidakt und errichtete innovative Gewächshäuser, ehe er 1851 sein Meisterwerk erbaute, den Crystal Palace.

Prouvé Jean (1901–1984)
Der Franzose Prouvé war Ingenieur und perfektionierte die Füllwand: von der Maison du Peuple in Clichy (mit Beaudoin und Lods 1939) bis zum ersten Turm von La Défense, von seinem Haus aus leichtem Metall in Meudon bis zu seinem Wohnungsprototyp für den Abbé Pierre bezeugt sein Werk einen eigensinnigen und großzügigen Perfektionismus.

Rice Peter (1935–1992)
Peter Rice war eines der kleinen Genies aus der Gruppe um Ove Arup und hatte eine brillante und bewegte Laufbahn: er war der Ingenieur des Opernhauses von Sidney und des Centre Pompidou und der Mann, von dem Renzo Piano sagte, daß er die technischen Probleme so löste, wie ein virtuoser Pianist mit geschlossenen Augen spielt.

INSTITUTIONEN

Deutscher Werkbund
Der Werkbund wurde 1907 von Muthesius gegründet und entstand durch das Interesse an der Verschmelzung von bildender und angewandter Kunst und Architektur. Im Verlauf seines Bestehens erlebte er drei einschneidende Höhepunkte: die Ausstellung von Köln im Jahr 1914, die Befürworter der Verbindung der Künste und der Industrie wie Van Velde, Gropius, Behrens, Hoffmann und Taut; die Ausstellung Weissenhof von 1927: eine Siedlung, die von den besten europäischen Architekten jener Zeit gebaut wurde; schließlich die Ausstellung von Paris im Jahr 1930, die über Gropius zur Entdeckung der Arbeiten von Herbert Bayer, Moholy Nagy und Breuer, Anhängern des Bauhauses, führte.

I.A.U.S. (Institute of Architecture and Urban Studies)
Das Institut für architektonische und städtische Studien wurde in New York von Peter Eisenman gegründet. Es dient als Labor für verschiedene Theorien und als Ausstellungsort.

I.B.A.
Die Internationale Bauaustellung versteht sich in der Tradition des Weissenhofs, einer Ausstellung, die 1927 in Stuttgart stattfand und echte Modelle zeitgenössischer Wohnungen zeigte. Im Verlauf des Wiederaufbaus regte die Berliner Politik bezüglich der Wohnungen eine erste Ausstellung an, die 1957 den Bau des Hansaviertels mit einer beeindruckenden Zahl talentierter europäischer Architekten ermöglichte. Der Erfolg des Unternehmens machte die IBA zu einer ständigen Institution.

In dem Werk genannte Hochschulen für Architektur
Architectural Association, London; Schule für Architektur und Restaurierung, Universität von Columbia, New York, USA; Cooper Union School of Architecture, New York; Ecole des Beaux-Arts, Paris; Schule für Architektur und Städtebau, Harvard Universität, Cambridge, Mass., USA; Illinois Institute of Technology (IIT), Universität von Chicago, Ill., USA; Istituto Politecnico in Mailand, Italien; Southern California Institute of Architecture (SCI-Arc), Los Angeles, Ca., USA; Schule für Architektur der Universität von Südkalifornien in Los Angeles (UCLA), Ca., USA; Schule für Architektur der Universität von Südkalifornien (USC), Los Angeles, Ca., USA; Schule für bildende Kunst und Architektur der Yale Universität, New Haven, Connecticut, USA.

Bauhaus 1919–1933
Das Bauhaus wurde von Walter Gropius in Weimar gegründet und ist das berühmteste Kunstinstitut (bildende und angewandte Kunst sowie Architektur) des Jahrhunderts, sowohl wegen seines innovativen Lehrprogramms und seiner Mitglieder und „Meister" wie Johannes Itten, Vassili Kandinsky, Paul Klee, L. Moholy Nagy, Josef Albers, Marcel Breuer und Herbert Bayer als auch wegen seines bewegten Lebens. 1925 wurde das Bauhaus von Weimar nach Dessau verlegt; 1928 trat Gropius zurück, ihm folgten Hannes Meyer, und danach, unter politischem Druck, Mies Van der Rohe. 1933 wurde das Bauhaus in Berlin geschlossen. Die Lehre des Bauhauses setzte sich mit Gropius in Harvard und mit Moholy Nagy in Chicago in den Vereinigten Staaten fort.

Hochschule für Gestaltung, Ulm
Diese Schule wurde von Max Bill 1951 entworfen und verstand sich als Verlängerung des Bauhauses; ihr Schicksal war ebenso bewegt. Max Bill trat 1956 zurück, um Herbert Ohl seinen Platz zu überlassen. Die Lehre, bei der eine strenge Methodologie des Entwurfs betont wurde, radikalisierte sich unter dem Druck von Maldonado, Schnaidt, Bonsiepe und andere immer mehr, und nach '68 mußte die Schule ihre Toren schließen. Die Schule von Ulm bleibt ein Synonym für die „gute Form".

Vkhutemas
Die Vkhutemas wurden 1918 in Moskau gegründet, um die Lehren der bildenden und angewandten Kunst sowie der Architektur zusammenzuführen. Sie wurden von den Konstruktivisten (Ladovsky, Tatlin, Rodschenko, usw) geleitet und übten einen gewichtigen Einfluß auf die sowjetische Architektur der 20er Jahre sowie auf die Grundlagen des Bauhauses aus.

FOTONACHWEIS

Einband und S. 188, 190, 191, 192, 193, 194, 196, 197: Fotos Philippe Ruault.
S. 2, 162, 164, 165: Fotos Mitsumasa Fujitsuaka.
S. 6: Foto André Morain.
S. 8: Foto Matsumoto Norihiko.
S. 9: Foto Rivière, Musée d'Orsay.
S. 10: Foto CNACGP.
S. 11 rechts: Foto Barch-Reisinger Museum, Harvard University; links: Dokument Ausstellung 1937.
S. 14, 16, 17, 18, 19: Dokumente P. Cook / Ch. Hawleey.
S. 20, 22, 23, 24, 25: Dokumente Arakawa und Madeline Gins.
S. 26, 31, 33 unten: Fotos Udo Hesse.
S. 29: Stadt Köln.
S. 30: Art Institute von Chicago.
S. 33 oben: Foto Elisabeth Govan.
S. 12, 34, 37, 38, 39: Dokumente Bernard Tschumi Architects.
S. 38 oben: Foto Dan Cornish.
S. 40, 42, 43: Dokumente Lebbeus Woods.
S. 44, 46, 47: Dokumente François Roche.
S. 48, 60: Fotos Savier Basiana Vers.
S. 50 unten: Foto Kanji Hiwatashi.
S. 52 links: Yutaka Kinumaki.
S. 52 rechts: Toshimaru Kitajima.
S. 53: Foto Yutaka Kinumaki.
S. 54-55: Fotos Yoshio Hata.
S. 56-57: Dokumente Nicholas Grimshaw and Partners.
S. 58-59: Fotos John Edward Linden.
S. 63: Fotomontage Richard Davies.
S. 64: Dokument Alsop & Störmer.
S. 66-67: Foto P. Raffery.
S. 68, 70, 71: Dokumente Jacques Hondelatte.
S. 72, 136, 137 und Einband Seite 4: Fotos Joshua White.
S. 74: Foto Fujita.
S. 75, 76, 77, 78: Fotos Nicolas Borel.
S. 79: Computergrafik J.C. Chaulet.
S. 80, 83: Dokumente Agentur Takeyama.
S. 85, 86, 87: Foto Satoshi Asakawa.
S. 88: Foto Kozlowski.
S. 90, 91: Fotos Aki Furudate.
S. 92: Computergrafik Christophe Valtin.
S. 94, 95: Dokumente Decq & Cornette.
S. 96, 98, 99: Foto Gert von Bassewitz.
S. 100, 102, 103, 104, 105: Dokumente OMA.
S. 106, 108, 110, 111: Dokumente Zaha Hadid.
S. 112, 116, 117, 118, 119: Fotos Margherita Spiluttini.
S. 114, 115, 130, 131: Fotos Tom Bonner.
S. 120, 122, 123: Fotos Hisao Suzuki.
S. 124, 125: Fotos Christopher Yates.
S. 126, 127: Fotos Grant Mudford.
S. 128, 129: Fotos Paul Groh.
S. 132, 134, 135: Fotos Don F. Wong.
S. 138: Foto Takashi Miyamoto.
S. 140, 144 unten, 145 unten: Dokumente Emilio Ambasz.
S. 143, 144 oben, 145 oben: Fotos Ryuzo Masunaga.
S. 146, 149: Fotos Eui-Sung Vi.
S. 147, 148: Dokumente Morphosis.
S. 150, 151: Dokumente Takasaki.
S. 152, 155, 157, 159: Fotos Eamonn O'Mahony.
S. 160: Foto Itsuko Hasegawa.
S. 163: Foto Katsuaki Furudate.
S. 166, 167: Fotos Shuji Yamada.
S. 168, 198: Dokumente Nacasa and Partners.
S. 170, 172, 173: Dokumente Asymptote Architecture.
S. 174, 175, 176, 177: Dokumente Diller & Scofidio.
S. 178-179: Dokumente Du Besset et Lyon.
S. 180-181: Fotos Denance Archipress.
S. 182, 184, 185: Dokumente Toyo Ito.
S. 186, 187: Fotos Shinkendiku-Sho.
S. 201: Foto Retoria.

Printed in Italy